同志社大学ヒューマン・セキュリティ研究叢書

社会と感情

山形頼洋 編著

萌書房

まえがき

国家の安全保障の代わりに、あるいはならんで、人間の安全保障ということが話題になる。人間の安全安心が問題であるならば、それは、広い意味での共同体の形成なしには考えることができない。どのような共同体形成理論を構想するにしても、その根底となるのは、各人の安全安心の確保であるだろう。平穏で安寧な生活を保障するために必要不可欠なものとして共同体は形成された。

社会ないしは国家の形成が、人間が直面した問題を解決するための「社会技術」（〈同志社大学ヒューマン・セキュリティ研究叢書〉『科学と人文系文化のクロスロード』二〇〇八年、萌書房、第7章「社会科学と社会技術」（塩沢由典）を参照のこと）の一つであることは、契約論の理論家たちがよく理解していたことである。だからこそ、ホッブズは、国家をリヴァイアサンという人工人間に喩えたのである。また、社会を生命体に生得的なものと考えるベルクソンにおいても、昆虫の膜翅類の社会と、あるいは研究が進んだ今日ではさらに猿やゴリラの社会をつけ加えることができると思われるが、それらの本能的社会と本質的には変わらない人間の「閉じられた社会」から「開かれた社会」への進化は、道徳的天才の個人の発明を推進力としている。もちろん言うまでもなく、ベルクソンのこの開かれた社会は、その内容は別にして、形式において、タルドの発明と模倣に基づく社会概念に依拠している。アダム・スミスのように社会の紐帯を共感に求め、その共感をハンナ・アーレントのカント解釈に従って、アプリオリな判断力に基づかせるならば、共感は地球という限られた空間に共存するための人類の工夫としての「根源的契約」という意味合いを帯びるだろう。社会や国家が問題解決のための社会技術であるならば、問題が違えば当然解決の手段も異なるから、社会や国家のあり方そのものも変化するということだろう。

本書の目的は、共同体形成において、また、その維持において、感情の果たしている役割について、理論的考察を行うことにある。

第Ⅰ部においては、感情という視点にこだわらず、共同体形成についての理論一般を、概観する。よく知られたホッブズ、ロック、ルソーの社会契約論をはじめとして、スピノザの感情による国家形成の理論、ベルクソンの生命進化論的共同体理論、アダム・スミスやハンナ・アーレントのカント解釈に基づく共感による共同体論、最後にタルドの発明と模倣による社会理論が取り上げられる。

第Ⅱ部においては、第Ⅰ部で取り上げた諸説を、感情という観点からさらに深く検討する。まず、第1章ではホッブズにおける「誇り」、「虚栄心」などの承認への欲望の問題系が、自然権を基礎とした倫理・政治思想の起源として論究される。第2章では、スピノザの国家論が『エチカ』第四部定理三七備考二に導かれて『エチカ』のうちにその基礎を与えられ、第3章では、自由に基づく責任ではなくて、他者への責任によって基礎づけられる自由というレヴィナスの「逆転した」責任観が論じられる。第4章は、共感から共同主観性を考えることの可能性と感情と私的所有の関係とを扱う。

二〇〇八年　二月一八日

山形　頼洋

社会と感情＊目次

第Ⅱ部　感情と社会

社会と感情

第Ⅰ部　社会形成の理論

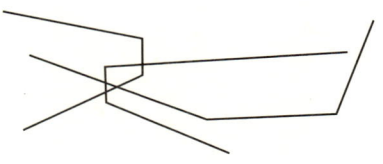

第1章　古典的理論

第一節　ホッブズ『リヴァイアサン』

『リヴァイアサン』[1]の「序説」において、ホッブズは国家を人工人間になぞらえている。人間は技術によって自然を模倣する。そのひとつに自動機械がある。デカルトと同じように、動物を機械の一種であるとホッブズも考えていて、自動機械を人工動物と見なしている。すべての自動機械は人工の生命を持っている。心臓はバネ、神経は複数の紐、関節は複数の車というわけである。さらに、より進んだ技術によって人工人間が作られる。その人工人間が国家という政治体制に他ならない。その国家である人工人間がリヴァイアサンであり、「自然人よりも形がおおきくて力がつよいのであって、自然人をそれが保護し防衛するようにと、意図されている」[2]。人工人間リヴァイアサンの人工の魂が「主権」であり、為政者たちとその他の司法と行政の役人たちは、人工の関節に相当する。賞罰は、神経である。それらは、自然の身体においてと同じことをする。すべての個々の構成員の富と財産は、力であり、「人民の福祉」（salus populi）は、その義務である。リヴァイアサンが知る必要のあることすべてのことを提示する顧問官たちは記憶であり、公正と法律とは、人工の理性と意志である。和合はリヴァイアサンの健康であり、騒乱は彼の病気であり、内乱は彼の死を意味する。最後に、この政治体の諸部分を初めて作り、集め、結合した協定（pacts）と信約（covenants）（両方とも契約の特殊な場合）は、創造において神が宣告したあの命令すなわち人間を創ろうという言葉に似ている。

この人工人間の本性を明らかにするために、ホッブズは、その素材であると同時に製作者でもある人間を考察の対象とする。すなわち、人間の諸思考と諸情念を研究する。(3)『リヴァイアサン』「第一部」をなすホッブズの人間についての研究の中から「第十三章　人類の至福と悲惨に関する彼らの自然状態について」と「第十四章　第一と第二の自然法について、および契約について」を取り上げて、ホッブズの契約説の概略を描くことにしよう。

その「第十三章」の冒頭において、人々は生まれながら平等である、とホッブズは主張する。その理由は、「自然は人びとを、心身の諸能力において平等につくったのであり、その程度は、ある人が他の人よりも肉体においてあきらかにつよいとか、精神のうごきがはやいとかいうことが、ときどきみられるにしても、すべてをいっしょにして考えれば、人と人とのちがいは、ある人がそのちがいにもとづいて、他人がかれと同様には主張してはならないような便益を、主張できるほど顕著なものではない、というほどなのである」というところにある。(4)

ところで、その平等から不信が生じる。(5)というのは、能力が平等に与えられているということは、目的を達成することについての希望を皆が同じように平等に持つことができることを意味するからに他ならない。もし誰か二人が同一のものを欲し、一人だけがそれを享受できるということになれば、彼らは互いに敵対せざるをえない。彼らの目的は主に自己の保存であり、ときには彼らの歓楽であるが、その目的を達成する過程において、彼らは互いに相手を滅ぼすか屈服させようとして努力する。その結果、ある人が農作業によって収穫を得、あるいは快適な住居を手に入れるとすると、他の人々が共謀して力を合わせ、彼を追い出し、彼の労働の成果や、生命または自由までも奪い取るのではないかという不安に悩まされることだろう。また、その侵入者についてもさらに多数の侵入者による同様の危険が不安となって襲いかかってくることだろう。こうして、不信から戦争が生じる。そこで、自分の安全を守るために、より多くの人を集め、支配しようとする。

一般的に言って、人間の本性の中に、三つの主要な争いの原因が見出される、とホッブズは考えている。「第一は競争、第二は不信、第三は誇りである(6)」。第一の競争は、利得を求めて侵入を行わせ、第二の不信は安全を求めて、第三の誇り（gloria：栄光）は評判を求めてそうさせる。すなわち、第一は他人や家畜を支配するために暴力を用い、第二は、防衛のために暴力に訴え、第三は、彼の人格の過小評価に対して、暴力を使用する。

その結果、政治国家が成立していないところでは、「各人の各人に対する戦争がつねに存在する(7)」。人々が彼らすべてを威圧する共通の権力のないところで生活している限りは、彼らは戦争と言われる状態下に置かれている。その戦争が、各人の各人に対する戦争である。「すなわち、戦争は、たんに戦闘あるいは闘争行為にあるのではなく、戦闘によってあらそおうとする意志が十分に知られる一連の時間にある(8)」。それはちょうど不良な天候がひと降りやふた降りの雨にあるのでなく、ひとつの傾向性であるのと同じことである。戦争も実際の闘争にあるのではなく、その反対に向かう何らの保証もないときの全体の傾向性としての、闘争への明らかな志向にある。その他のすべての時が平和である。

明らかに、そのような戦争状態は諸々の不便をもたらす(9)。そのような状態においては勤労のための余地はない。なぜなら、自分の勤労の成果を確実に自分で享受できるとは限らないからである。したがって、農耕も航海も、貿易も、建築も、道具も、学芸も文字も社会も成り立たない。もっと悪いことに、継続的な恐怖と暴力による死の危険があり、人生は孤独で貧しく、つらく残忍で短い。しかも、「このような戦争においては、なにごとも不正ではない(10)」。というのも、共通の権力のないところには法はなく、したがって、不正は存在しえないからである。正義と不正義は、孤独にではなく社会の中で生きている人々に関係する事柄であるからである。そこにはまた、所有も支配もなく、私のものとあなたのものとの区別もなく、各人が獲得しうるだけのものしか、しかも彼がそれを保持しうる限りでしか、彼のものではないのである。

そこから必然的に、「人々を平和に向かわせる諸情念」が生まれる。(11) それは、死への恐怖であり、快適な生活に必要な物事に対する意欲であり、それらを彼らの勤労によって獲得する希望である。そして、理性は、そのために都合のよい平和の諸条項を示唆し、人々は理性によって協定へと導かれる。これらの条項が自然の諸法と呼ばれるものである。

『リヴァイアサン』「第一部第十四章」において自然法に関する考察を見る前に、自然権について確認しておかなければならない。自然権とは、人間が自然状態において持っている生まれながらにして具わった権利、すなわち、生存権のことに他ならない。ホッブズの定義は次の通りである。「自然の権利」(jus naturale, right of nature) とは、「各人が、かれ自身の自然すなわちかれの生命を維持するために、かれ自身の意志するとおりに、かれ自身の力を使用することについて、各人がもっている自由であり、したがって、かれ自身の判断力と理性において、かれがそれに対する最適の手段と考えるであろうような、どんなことでもおこなう自由である(12)」。これに対して、「自然法」(lex naturalis, law of nature) とは、「理性によって発見された戒律すなわち一般的法則であって、それによって人は、かれの生命にとって破壊的であること、あるいはそれを維持する手段を除去するようなことを、行うのを禁じられ、また、それをもっともよく維持しうるとかれが考えることを、回避するのを禁じられる(13)」。

権利と法とは異なる。「権利は、おこなったりさしひかえたりすることの自由に存し、それに対して、法は、それらのうちのどちらかに、決定し拘束するのである。したがって、権利と法とは、義務と自由がちがうようにちがい、同一のことがらについては両立しないからである(14)」。

ところで、各人は自然状態においては、あらゆるものに対して権利がある。戦争状態である自然状態においては、各人は自己の生命の保全のためにあらゆることをなす自由があるし、また、自己の生命の保全のために最善をなすことが理性に適ったことでもある。したがって、各人のこの自然権が存続する限り、何人にとっても「自然が通常、人びとに対して生きるのをゆるしている時間を、生きぬくことについての保証はありえない」[15]。ここから基本的自然法・理性の一般的法則が帰結する。「各人は、平和を獲得する希望があるかぎり、それに向かって努力すべきであり、そして、かれがそれを獲得できないときは、かれは戦争のあらゆる援助と利点を、もとめかつ利用してい い」[16]。この法則の最初の部分が、第一のかつ基本的な自然法であり、それは「平和を求め、それに従え」ということである。第二の部分は、自然権の要約であって、「われわれがなしうるすべての手段によって、われわれは自分自身を防衛する」という権利である。

人々に平和への努力を命ずるこの基本的自然法から引き出されるのが次の第二法則である。「人は、平和と自己防衛のためにかれが必要だと思うかぎり、他の人びともまたそうであるばあいには、すべてのものに対するこの権利を、すすんですてるべきであり、他の人びとに対しては、かれらがかれ自身に対してもつことをかれがゆるすであろうのとおなじおおきさの、自由をもつことで満足すべきである」[17]。なぜならば、すでに見たように、各人が何でも自分の好き勝手にするというこの自然権を保持する限り、その間はすべての人々はお互いに、戦争状態にあるからである。

しかし、すべての権利が移譲可能であるというわけではない[18]。なぜなら、権利の移譲は、意志による行為であり、その意志による行為の目的は、彼自身に対する何かの利益をもたらすことに他ならないからである。したがって、放棄ないしは譲渡できない権利がある。生命を保全するために抵抗する権利などがそうである。すなわち、権利の放置と譲渡とがなされる動機と目的は、彼の身柄を、その生命において、また生命を維持する手段において、安全に確保することに他ならないからである。誰でも、自分自身を死と障害と投獄から救うという権利は、譲渡または放置できない権利である。

『リヴァイアサン』「第十五章　その他の自然法について」で、ホッブズは「第三の自然法、正義」について述べる。その第三の自然法とは、今見たばかりの第二自然法から出てくる。「保留されていると人類の平和を妨げるような諸権利を、第三者に譲渡すべきことを、われわれに義務付けるあの自然法から、第三のものがでてくる[19]」。「人々は結ばれた信約を履行すべきである」。これがなければ信約はむなしく、無意味であり、まだ、戦争状態のままである。

相互信頼による信約は、いずれかの側に不履行についての恐れがあれば、無効である。戦争という自然状態においては、信約は成立していないからである。したがって、正義、不正が意味を持つためには、ある強制権力が存在していて、人々が信約の破棄によって期待するよりも大きな、何らかの処罰の恐怖によって、彼らが信約を履行するように平等に強制しなければならず、彼らが放棄する普遍的権利の償いとして、人々が相互契約によって獲得する所有権を確保しなければならない。正義の本性は、有効な信約を守るところにある。「しかし、信約の有効性は、人びとにそれをまもることを強制するのに十分な、政治権力の設立とともにのみ、はじまるのであって、しかもそのときにまた、所有権もはじまるのであるのである[20]」。この政治権力がリヴァイアサンという人工人間にたとえられた国家に他ならない。

第二節　ロックの社会契約説と所有の概念

ロックは『市民政府論　国政二論後編――市民政府の真の起源、範囲および目的について』「第一章　序説」において[21]、政治権力を次のように定義する。「政治権力とは、所有権の規制と維持のために、死刑、したがって当然それ以下のあらゆる刑罰のついた法を作る権利であり、そうしてこのような法を執行し、また外敵に対して国を防御するために協同体の力を用いる権利であり、しかもこれらすべてはただ公共の福祉のためにのみなされるものである」。そして、このような政治権力が暴力の産物であり、人間の共同生活が優勝劣敗の動物的法則によって営まれていると考えるならば、それは不断の混乱、害悪、騒乱、反乱および叛逆を正当化することとなる。それを避けるためには別の、「政府の発生、政治権力の起源、政治権力者を指定し、認知する方法を発見しなければならぬ」と言う。

ロックもまたホッブズと同じく、自然状態から始めるのであるが、ホッブズとは異なり、自然状態は直ちに戦争状態ではない。ロックにとって自然状態とは、「それは完全に自由な状態であって、そこでは自然法の範囲内で、自ら適当と信ずるところにしたがって、自分の行動を規律し、その財産と一身とを処置することができ、他人の許可も、他人の意志に依存することもいらない」状態のことである。そして「それはまた、平等の状態でもある。そこでは、いっさいの権力と権限とは相互的であり、何人も他人のそれより以上のものはもたない[22]」。ホッブズは、自然状態の各人の平等から自然状態の各人の間の戦争を引き出したが、ロックは、反対に、そこに「人間の相互間の責務の基礎」を見出す。彼は次のようにフーカを引用する。「他人を愛することは自分を愛することと同様にその義務である、ということを人間に教えたのは、万人の均しくもっている自然の動機である。何故なら、万物が平等である以上必然的にすべてのものはただ一つの標準によらざるを得ないからである。（中略）したがって、本来自分と平等なものから、できるだけ愛されたいという私の欲望は、彼らに対してもまた同様の愛情を十分に示す自然の義務を、私に課すのである[23]」。

自然状態は自由な状態ではあるけれども、放縦な状態ではない。自然状態には、これを支配するひとつの自然法がある。「この法たる理性は、（中略）すべての人類に、一切は平等かつ独立であるから、何人も他人の生命、健康、自由または財産を傷つけるべきではない、ということを教えるのである」(24)。というのも、人間はその創造主である神の作品であり、ただ神の欲する限りにおいてのみ、生存しうるように作られているからである。各人は自分自身を維持すべきであり、また自己の持ち物を勝手に放棄すべきではない。同じ理由から、彼は自分自身の存続が危うくされない限りできるだけ他の人間をも維持すべきであり、侵害者に報復する場合を除いては、他人の生命ないし生命の維持に役立つもの、他人の自由、健康、肢体、もしくは財産を奪ったり傷つけたりしてはならないのである。

それでは、戦争状態についてはどうか。ロックによれば、「戦争状態は、敵意と破壊との状態である。それ故、言葉と行為とによって、感情的性急さにではなく冷静沈着に、他の生命を狙うということを宣言すると、これによって彼がこのような企図を宣言した相手に対して、彼は戦争状態に置かれるのである」(25)。したがって、他の者を自己の絶対権力の下に置こうと試みる者は、自分自身をその者との戦争状態に置くことになる。というのは、自由が一切の物事の基礎である以上、自然状態においてすべての者が持っている自由を奪い取ろうとするのは、必然的に、その他の一切のものを奪い去ろうと試みていると想像しないわけにはいかないからである。

ところで、すでにこの節の冒頭に見たように、政治権力とは所有の規制と維持のために必要とされる。政治権力の未だ成立していない自然状態における所有権についてロックはどのように考えているのであろうか。人間が生存の権利を持っている以上、生存のために必要な食物飲料その他自然が彼らに与えるものを享受する権利を同時に持っていると考えなければならない。そして神は自然の諸物を人類共有のものとして人間に与えたのである。この前提から出発するロックは、ひとつの問題にぶつかる。「私は、神が人類共有のものとして与えた世界の種々の部分に対して、しかもすべての共有者の明示の契約によることなしに、どのようにして人が所有権を有するにいたったか、それを説明するように務めてみよう」(26)。

自然の供給物は神によって人類に与えられた共有財産である。自然状態にある誰も、それに対して他の人を押しのける私的支配権を持たない。しかし、それらの自然の供給物が人間の役に立つよう神によって与えられている以上、それは誰か特定の人間に役に立つのであり、そのためにはまずその共有の自然物が、その特定の誰かによって、占有されるのでなければならない。「果実あるいは鹿肉は、それが彼の生命を養うために彼の役にたつに先立って、まず彼のものであり、彼の一部であって、他の者がそれについてなんらの権利をもたないようなものでなければならぬ(27)」。共有のものを私有化する手段とは何か。

「たとえ地とすべての下級の被造物が万人の共有のものであっても、しかも人は誰でも自分自身の一身については所有権を持っている。これには彼以外の何人も、なんらの権利を有しないものである(28)」。私だけにその所有が帰属する「一身」とは何か。それは「彼の身体の労働、彼の手の働き」である。そして、彼の所有であるこの身体の労働が加えられたものもまた、彼の所有となるとロックは言う。「それは彼によって自然がそれを置いた共有の状態から取り出されたから、彼のこの労働によって、他の人々の共有の権利を排斥するなにものかがそれに附加されたのである。この労働は、その労働をなしたものの所有であることは疑いをいれないから、彼のみが、己の労働のひとたび加えられたものに対して、権利をもつのである」。ただし、直ちに次の但し書きを書き付けるのをロックは忘れてはいない。「少なくともほかに他人の共有のものとして、十分なだけが、また同じようによいものが、残されているかぎり、そうなのである(29)」。

しかし、所有権がそのようにして発生するのであれば、人は好きなだけ自分の欲する物を手に入れ、独占することが許されることにならないだろうか。そうではないと、ロックは答える。というのは、「こういう方法でわれわれに所有権を与えるその同じ自然が、この所有権をもまた拘束する」からである(30)。神が自然の産物を我々に与えたのはそれを我々が享受するためである。「腐らないうちに利用して、生活の役に立てうるだけのものについては、誰でも自分の労働によってそれに所有権を確立することができる。けれどもこれを越えるものは、自分の分前以上であって、それは他の人のものなのである」[31]。自分の享受の範囲内に留まるという理性の定めた限界を越えない限り、このようにして確立された所有権について争いの起こる余地はないのである。

　土地の所有権を例に取って見よう。ロックによれば、「ひとが耕し、植え、改良し、開墾し、そうしてその産物を使用し得るだけの土地は、その範囲だけのものは、彼の所有である。彼は自分の労働によって、それを、いわば共有のものより自分自身に囲い込むのである」[32]。歴史の初めの時代に、このように労働によって土地を占有したとしても、他の人々から土地を奪ったことにはならなかったのである。なぜなら「他人の利用するだけのものは残しているなら、それは全くなんにも取らないのと同様である」からである[33]。他の人も労働しさえすれば、自分の享受に必要な土地を手に入れる余地がまだ十分あったからである。こうして、「たとえ自然の事物は共有のものとして与えられていても、人間は、自分の主人であり、自分自身の一身及びその活動すなわち労働の所有者であるが故に、依然として自分自身のうちに所有権の大きな基礎をもっていたこと」が判明する[34]。

　労働は所有権の源泉であるだけではない。労働は新しい価値を創出するのである。「自分の労働によって土地を占有するものは、人間の共有財産を減少するのではなくてかえって増加するのである。何故なら囲い込みされ開墾された一エーカーの土地から産出する、人間生活の維持に役立つ食糧は、同じ程度に肥沃な一エーカーの土地が共有のものとして荒地になっている場合に産出するものの（きわめて控えめにいって）十倍であろう。（中略）まさに人類に九十エーカーを与えたものといっていいだろう」[35]。この労働による新たな価値の創出は、何も土地の開墾に限ったことではない。いかなる労働であれ、その労働が及ぶ範囲において価値の創造がある。「自然と土地とは、それ自体としてはほとんど無価値な素材を供与するに過ぎない。一塊のパンがわれわれの口に入るまでに、労働が供給したり、利用したりしたところの事物を、もし一つ一つたどることができたとすれば、不思議なカタログになるだろう」[36]。

ところで、労働によって私的所有が可能となるにしても、すでに見たように、そこには理性の定めによる限界が設定されていた。すなわち、その所有が自分の享受できる範囲を越えないということである。「けれどももし彼の所有に帰したものが、適当に使用されないで滅失したとすれば、すなわち、彼が使用する前に果実が腐ったり、鹿肉が腐敗したりするならば、彼は万人に共通な自然の法に違反したのであり、処罰されねばならないのであった。彼はその隣人の持ち分を侵したのである。何故なら彼は、自分の使用のために必要とし、彼に生活の利便を与うべきであったものより以上のものに対しては、何らの権利をも有しなかったのだから」[37]。

しかしながら、もし彼が自分の享受する以上のものを労働によって所有したとしても、それを腐らせたり、あるいは放置して無駄に費やすことなく、何らかの方法でそれを利用する手段を見出したとしたら、どうであろう。これもまた、自然な法を犯して隣人の持ち分を侵すことになるのだろうか。例えば、自分で消費できない剰余の農産物を、腐らせる前に、他の人に譲り渡すとしたらどうであろう。ロックによれば、これもまた有効に利用したことになるのである。というのも、「自分の正当な所有権の限界を越えたかどうかは、その財産の大きさのいかんにあるのではなく、何かが無用にそこに滅失したか否かにあるから」である[38]。「このようにして、貨幣の使用が始まった」[39]。貨幣というのは、保存しても腐朽しない永続的なもので、相互の約束によって、人が実際に生活上有用ではあるが滅失する性質のものと交換して受け取るのである。貨幣の発明は、彼らの財産の蓄積を持続し拡大する機会を作った[40]。貨幣によって、彼らは、自分が利用しうる以上の生産物を労働によって正当に所有する方法を見出したのである。こうして所有の不均衡が生じた。

労働が最初、共有物に所有権を設定したのである。後に、世界のある部分で人口と家畜が増加し、また、貨幣が使用されるようになった結果として、土地が乏しくなり、自由に無償で開墾できる土地がなくなり、やがて土地に値が生じるようになった。そこで若干の協同体では、労働と勤労とが作り出した所有権を、協約と同意とにより確定した[41]。こうして国家形成への道が開かれたことになる。

政治社会の発生についてロックは次のように述べる。「人が自分の自然の自由を棄てて市民的社会の覊絆のもとにおかれるようになる唯一の道は、他の人と結んで協同体を作ることに同意することによってである[42]」。その目的は、彼らの所有権を保護し、かつ協同体に対する他からの侵害に対して安全保障を確立し、彼ら相互の安全、安楽かつ平和な生活の営みを可能にすることである。この同意によって作られた協同体ないしは政府においては、多数を占めた者が決議を決め、他の者を拘束する権利を持つ。そして、この多数決の原理は、協同体ないしは政治社会を結成するという同意のうちに当然含まれている。「自然状態を去って協同体を結成した者は何人でも、彼らが社会を結成した目的に必要ないっさいの権力を、特に明示の協定で特別の多数決が必要であると定めない限り、協同体の単純多数に譲渡したものと解せざるを得ない。そうしてこのためには、一つの政治社会を結成するということを協定するだけで十分である[43]」。単純多数決でことを決するということについて、構成員の同意を特別に取り付ける必要はないということである。もし多数者の同意が全体の決議として認められないならば、全体の決議はただ各個人全部の同意による他はないが、しかし、そのような同意を得ることはほとんど不可能である。このような構成では、巨大なリヴァイアサンも最も弱い生き物よりももっと生命が短くなり、生まれた日一日さえも生きながらえないことだろう。これが多数決についてのロックの考えである[44]。

第三節　ルソー『社会契約論』

「社会秩序はすべての他の権利の基礎となる神聖な権利である。しかしながら、この権利は自然から由来するものではない。それはだから約束にもとづくものである」[45]。この約束がどのようなものであるか、それを知るのがルソーのこの書の目的である。

ルソーにとって、自然で最も古い社会とは家族である。言い換えると、家族も約束によって成り立っているのである。一見するところ、子供たちが父親に服従し、父親が子供たちを保護するのは、約束によらない自然の事柄のように見える。ところが、これは、子供たちが自分を保存するのに父を必要とする間だけである。この必要がなくなるや否や、この自然の結び付きは解け、子供も親も服従と保護の義務から解放され、お互いに自由な独立した存在となる。もし彼らが相変わらず結合しているとしたら、それは意志に基づいてのことであり、自然によってではないのである。「家族そのものも約束によってのみ維持されている」[46]。というのも、父親も子供も、ともに平等で自由に生まれたのだから、自分に役立つのでなければ、その自由を譲り渡さないからである。この自由は、自己保存のために自己自身に対する配慮が最優先するという人間本性の結果である。人間は、自己保存のために適切な判断ができる理性の年齢に達するまでは、父親の庇護下にあるが、その後は、彼のみが自己保存のために必要な事柄の判定者として、自分自身の主人となる。

「最も強い者の権利」について、ルソーは、力は権利を生み出さず、また、ひとは正当な権力にしか従う義務がないと考える[47]。暴力に人が従うのは、やむをえないことではあるが、それは意志的な行為ではなく、したがって、義務からではない。社会が暴力による支配によって成立しているならば、服従は強要されたものであって、服従する義務はない。「いかなる人間もその仲間にたいして自然な権威をもつものではなく、また、力はいかなる権利をも生みだすものではない以上、人間のあいだの正当なすべての権威の基礎としては、約束だけがのこることになる」[48]。最も自然な権威に思える父親の子供に対する権威さえも、実は、子供が理性の年齢に達して、自分の生存権を自分で行使できる自由で独立した人間になるまでのことである。自由で平等な人間の間には、たとえ父と子の関係であっても、他の人間に対する自然な権威などは存在しないのである。

ところで、ルソーは、少なくとも『社会契約説』においては明らかにされていないある条件下で、人間が自然状態をもはや維持できない克服不可能な困難が起こり、そのために、人間はこれまでの生存の仕方を変えなければ滅亡するしかない事態に追い込まれたと想定する。そして、そのために原始状態の人間にできたことと言えば、次のこと以外にはなかっただろうと言う。「人間は新しい力を生み出すことはできず、ただすでにある力を結びつけ、方向づけることができるだけであるから、生存するためにとりうる手段としては、集合することによって、抵抗に打ちかちうる力の総和を、自分たちが作り出し、それをただ一つの原動力で働かせ、一致した動きをさせること、それ以外にはもはや何もない(49)」。しかしながら、そこには難しい問題がある。というのは、求められている力の総和は、多くの人が協力することによってしか生まれないが、他方では、各人の力と自由とは、生存のために必要不可欠な要件をなしている。どのようにして各人は、自分の生存を損なうことなしに、また自分に対する配慮の義務を怠ることなしに、お互いを拘束して協力し合うことができるのか。そこで、求められている問題を定式化すれば次のようになるとルソーは言う。「各構成員の身体と財産を、共同の力のすべてをあげて守り保護するような、結合の形式を見出すこと。そうしてそれによって各人が、すべての人々と結びつきながら、しかも自分自身にしか服従せず、以前と同じように自由であること(50)」。この困難な課題を解決するのが他ならぬ社会契約である。

社会契約の諸条項は、すべて次のただひとつの条項に帰着する。「すなわち、各構成員をそのすべての権利とともに、共同体の全体に対して、全面的に譲渡することである(51)」。各人は自分をすっかり与えるのであるから、すべての人にとって条件は等しいと、ルソーは言う。「要するに、各人は自己をすべての人に与え、しかも誰にも自分を与えない。そして、自分が譲り渡すのと同じ権利を受けとらないような、いかなる構成員も存在しないのだから、人は失うすべてのものと同じ価値のものを手に入れ、また所有しているものを保存するためのより多くの力を手に入れる[52]」。

社会契約の本質は次の点にある。「われわれの各人は、身体とすべての力を共同のものとして一般意志の最高の指導の下におく。そしてわれわれは各構成員を、全体の不可分の一部として、ひとまとめとして受けとるのだ[53]」。社会契約という結合行為によって、各契約者の特殊な自己に代わって、精神的で集合的な団体が作り出される。集会における投票者と同数の構成員からなるその団体は、契約によって、ひとつの統一体として、共同の自我を持ち、その生命およびその意志を受け取る。人々の結合によって形成されるこの公的な人格は、かつて都市国家（シテ）という名を持っていたが、今では、共和国、または政治体（Corps politique）という名を持っている。それは受動的には、構成員から国家（Etat）と呼ばれ、能動的には主権者（Souverain）、同種のものと比べるときには国（Puissance）と呼ばれる。構成員について言えば、集合的には人民（Peuple）、ここには、主権に参加するものとしては市民（Citoyens）、国家の法律に服従するものとしては臣民（Subjets）と呼ばれる。これらは、社会契約によって作り出される政治体に関する用語のルソーによる定義である[54]。

社会契約は、公共と個々人との間の相互の約束を含むばかりではなく、同時に、この結合行為において各人は、言わば自分自身と契約している。つまり、一方で、個々人としての自分に対しては主権者の構成員の立場で、他方、主権者に対しては国家の構成員の立場で、契約している。ルソーの用語法に従うならば、各人は、主権に参加する市民であると同時に、国家の法律に従う臣民である。しかし、自分と結んだ約束には責任がないという民法の規則はここでは適応されない、とルソーは考える[55]。というのは、自分に対して義務を負うことと、自分がその一部分をなしている全体に対して義務を負うこととの間には、大きな違いがあるからである。

各個人は人間としてひとつの特殊意志を持つ。その意志は彼が市民として持っている一般意志に反する、あるいは少なくとも、それとは異なるものである。彼個人の特殊な利害は、公共の利益とはまったく違った話を持ちかける場合があるかもしれない。しかし、臣民の義務を果たそうとしないで、市民の権利を享受するという不正が進めば、政治体の滅亡を招く。「従って、社会契約を空虚な法規としないために、この契約は、何びとにせよ一般意志への服従を拒むものは、団体全体によってそれに服従するよう強制されるという約束を、暗黙のうちに含んでいる」[56]。このことは、市民は自由であるよう強制される、ということ以外のいかなることも意味しない、とルソーは言うのであるが、その真意は市民の自由は、社会契約に基づく制約の下での統制された自由ということであろう。そのことは、自然状態から社会状態への移行による利害得失の貸借表をルソーが作成して見せるときに明らかになる[57]。社会契約によって人間が失うものとは、「彼の自然的自由と、彼の気を引き、しかも彼が手に入れることのできる一切についての無制限の権利」である。これに対して、人間が獲得するものとは、「市民的自由と、彼の持っているもの一切についての所有権」である。個々人の力以外には制限を持たない自然的自由を放棄する代わりに、一般意志によって規制される市民的自由を手に入れるのである。さらには道徳的自由も手に入れると、ルソーは言う。自然状態がそうである単なる欲望の衝動に従うことは奴隷状態であるのに対して、自ら課した法律に従うことは自由の境地に遊ぶことを意味するからである。

したがって、ルソーによれば、社会契約は、自然的平等を破壊するのではなくて、逆に、自然の状態では人間の間にありうる肉体的不平などに代えて、道徳上および法律上の平等を置き換えるのである。なるほど、人間は体力や精神については不平等でありうるが、この約束によって、また権利によってすべて平等になる[58]。

第四節　スピノザ『国家論』

彼の国家についての考え方は、神の本性から人間の本性そのものを導出する彼の哲学書『エチカ』に裏打されている。しかし、『国家論』の記述は、『エチカ』を踏まえながらも、それだけで完結した論述の仕方となっていることも事実である。

『国家論』を始めるにあたって、スピノザはその意図を明らかにして、国家を「人間的本性の状態そのものから」導き出すことにあると述べている[59]。そのために彼は、人間の行動を、数学を論じる場合と同様に、笑わず、嘆かず、呪詛もせず、ただ理解することに努める。人間の感情を、「愛、憎、怒、嫉妬、名誉心、同情心およびその他のさまざまな激情を、人間本性の過誤としてではなくて、かえって人間の本性に属する諸性質として」理解するのである。それはちょうど、熱、寒、嵐、雷などが大気の本性に属するようなものである[60]。

『エチカ』がすでに明らかにしたように、人間は必然的に諸感情に支配されている。人間の性情は、不幸なものを憐れみ、幸福なものを妬むようにできており、同情よりも復讐に傾くようになっている。付け加えると、憐れみ・憐憫は他人の上に起こった害悪の観念を伴った悲しみである[61]。同情は、他人の幸福を喜び、他人の不幸を悲しむ一種の愛に他ならないが、復讐は、憎しみの感情から害を加えた者に対して、同じ憎しみの感情から害を加えることである[62]。さらに、各人は、他の人が彼の意向に従って生きることを望む。その結果、すべての人が等しく人の上に立とうとするので、皆争いに巻き込まれ、互いに仲間を圧倒しようと力を尽くすことになる。なるほど、理性は感情を制御し、調整することができる。しかし、「理性そのものの教える道は実に峻険なものである」ので、「民衆なり、国務に忙殺される人々なりが、もっぱら理性の掟だけに従って生活するよう導かれうると信じる者は、詩人たちが歌った黄金時代もしくは空想物語を夢みているのである[63]」。

その上、国家の徳はただ安全の中にのみにある。「国家の安全にとって、いかなる精神によって人間が正しい政治へ導かれるかということはたいして問題ではない[64]」。感情に導かれようと、理性に導かれようと、要は正しい政治が行われさえすればよい。また、人間は野蛮人も文明人も、いたるところでお互いに結合し合い、何らかの国家状態を形成する。したがって、国家の諸原理とその自然的な諸基礎とは、理性の教説の中に求められるべきではなくて、かえって人間の共通の本性ないしは状態から導き出されるべきである」(65)。

ところで、自然物の存在の始まりならびにその存続は、それらの本質からは導き出すことができない。したがって、もろもろの自然物を存在させ、活動させる力は、神の永遠なる力そのものである(66)。というのも、『エチカ』によれば、本質が存在を含んでいるのは永遠無限の実体である神のみであり、その実体の様態である個物、『国家論』で言われる自然物は、実体の様態である限り、その本質・現実的本質は存在を含んではいない。したがって、自然物はその存在と存続とを神から得ているということになる。そのことから、自然権の何たるかが理解される。自然物のそれぞれを存在させ、活動させている力が絶対に自由な神の力そのものである限り、おのおのの自然物は、存在ならびに活動に対して自分が持っている力の及ぶ範囲が、同時に、そのまま彼の権威の及ぶ範囲である。「したがってまた各個物の自然権は、その物の力が及ぶ所まで及ぶ」(67)。

この自然権は、理性によってではなく、人間を行動に駆り立てかつ自己保存へ努力させるおのおのの衝動によって規定されなければならない、と言われる(68)。『エチカ』に言うコナトゥスである。各人は常にできる限り自己の存在を維持しようと努力しており、また、各人が努力し行動するすべてのことは、最高の自然権すなわち神に従って努力し、行動している。自然の権利および法則が禁じているのは、誰もが欲せず、誰もがなしえないことのみである。「つまりそれは争いも憎しみも怒りも欺瞞をも、およそ衝動がそそるいかなることをも拒否しないのである」(69)。

一方で、人間が怒り・妬み・あるいは何らかの憎しみの感情に囚われている限り、人間は種々の異なった方向に引きずられ、互いに対立する。上で見たように、人間は本性上、たいていはこうした感情に囚われているから、人間は本性上互いに敵である(70)。これがスピノザにとっての人間の自然状態である。ところで、自然状態において各人が自己の権利の下にあるのは、自己を他の圧迫から守ることのできる間だけのことである。にもかかわらず、各人単独ではすべての圧迫から身を守ることは困難であるから、この帰結として、「人間の自然権は、それが単に各人きりのものでありそして各人の力によって決定される間は無に等しく、現実においてよりもむしろ空想において存するにすぎないということになる」[71]。そこから結果するのは、「人類に固有なものとしての自然権は、人間が共同の権利を持ち、住みかつ耕しうる土地をともどもに確保し、自己を守り、あらゆる暴力を排除し、そしてすべての人々の共同の意志に従って生活しうる場合においてのみ考えられる」ということである[72]。多くの人々がこのようにして一体化すればするほど、ますます多くの人々が多くの自然権をともに持つようになる。というのも、もし二人の人間が一致して力を合わせるなら、彼らは単独であるよりも多くのことをなすことができ、したがって、自然に対して一層多くの権利を持つからである[73]。これが、自然状態から国家状態への移行の理由である。

国家状態とは統治の状態である。統治の状態にあっては、共同の意志に基づく権利、すなわち統治権が認める以外の権利を人々は自然に対して持たない。そればかりではなく、人々は統治権が命ずるすべてのことを遂行する義務がある[74]。

しかしながら、各人の自然権は国家状態においても存続する。人間は自然状態においても国家状態においても、自己の本性の諸法則に従って、言い換えると、希望ないしは恐怖に導かれて、利益を計る。自然状態と国家状態の違いは、「国家状態にあってはすべての人々が同じ恐怖の対象を持ち、すべての人々が一にして同一なる安全原因と一にして同一なる生活様式とを有するという点に存する」[75]。しかし、このことは決して各人の判断力を解消しない。すなわち、各人は依然として自己の本性の法則に従って、すなわち、自己保存の法則に従って、行動しているのである。なぜなら国家のすべての命令に従おうと決意したものは、それが国家の力を恐れたためであろうと、あるいは平穏な生活を愛するためであろうと、自己の意志に従って自己の安全と自己の利益とを計っているからである。

しかしながら、共同意志に服して国家状態に生きることは、理性の指図に反するのではないか。国家状態は理性に矛盾するのではないか。この反論に対してスピノザは、次のように答えている。[76] 健全な理性であれば、すでに我々が見たように、人々が諸感情に従属している限り各人は自己の権利を行使することができないことを十分に理解している。理性はそうしたことは不可能だと考える。それにまた、理性は何よりも平和を求めることを教えるが、平和は共同の法律が犯されずに守られる場合にのみ保たれる。ゆえに、人間は理性的であればあるほど、一層確固として国家の法律を守り、また自分がその臣民である最高権力の命令を実行するであろう。加えて、国家状態は本来共通の恐怖を除去し、共通の不幸を排除するために建てられる。したがって、国家状態の最大の意図は、たとえ理性に導かれたとしても自然状態では果たすことのできないようなことを実現することにある。二つの害悪のうちのより小さな害悪を選ぶこともまた理性の法則である。国家の権利が命ずることをなす限り我々は決して自己の理性の掟に反して行動しているのではない。

国家の統治権の限界について『国家論』第三章第八節は次のように述べる。

臣民ないし国民は、国家の力ないしは威嚇を恐れる限り、あるいは国家状態を愛する限りにおいて、国家の権利下にある。この帰結として、報酬または威嚇をもってしては人々を動かすことができないような事柄は国家の権利には属さない。国民は例えば全体は部分より大きいというような、自己の判断力を放棄するということはない。一般的に言えば、国家の権利は、各人が感じたり思惟したりするのと反対のことを信じるように強制することはできない。何ものも恐れず、何ものも希望しない人間は、国家状態を必要としない。国家状態とは無縁な人間は、完全に自己の権利の下にあるので、国家の敵である。

さらに、大多数の人を憤激させるような事柄に対しては国家の権利はほとんど及ばない。というのも、人間は本性上共通の恐怖あるいは共通の損害に復讐しようという希望によって結束する傾向を持つ。ところで、国家の権利は多数者の共同の力によって規定されるから、国家の力と権力とは、国家自らが多くの人々を結束させる機縁となるようなことがあれば、弱まる。(77)

結論に代えて、『国家論』第六章第一節を挙げよう。(78)

民衆を一致して導くのは、理性ではなくて何らかの共通の感情である。というのも、人間は理性よりも感情によって導かれるからである。共通の希望、共通の恐怖、共通の損害に復讐しようという願望から人々は一致するのである。ところで、誰も孤立した状態では自己を守る力を持たないし、また生活に必要な品々を得ることができない以上、孤立を恐れる念はあらゆる人に内在している。このことから、人間は本性上国家状態を欲し、人間が国家状態をまったく解消してしまうことは決して起こりえないのである。

注

(1) ホッブズ著／水田洋訳『リヴァイアサン』岩波文庫、二〇〇四年。
(2) 同書、三七頁。
(3) 同書、三九頁。
(4) 同書、二〇七頁。
(5) 同書、二〇八頁。
(6) 同書、二一〇頁。
(7) 同上。
(8) 同上。
(9) 同書、二一一頁。
(10) 同書、二一三頁。
(11) 同書、二一四頁。
(12) 同書、二一六頁。

(13) 同上。
(14) 同書、二一七頁。
(15) 同上。
(16) 同上。
(17) 同書、二一八頁。
(18) 同書、二二〇頁。
(19) 同書、二三六頁。
(20) 同書、二三七頁。
(21) ロック著／鵜飼信成訳『市民政府論』（国政二論後編――市民政府の新の起源、範囲および目的について）岩波文庫、八頁、二〇〇三年。
(22) 同書、一〇頁。
(23) 同書、一一頁。
(24) 同書、一二頁。
(25) 同書、二二頁。
(26) 同書、三一―三二頁。
(27) 同書、三二頁。
(28) 同書、三二―三三頁。
(29) 同書、三三頁。
(30) 同書、三六頁。
(31) 同上。
(32) 同書、三七頁。
(33) 同書、三八頁。
(34) 同書、四九―五〇頁。
(35) 同書、四二―四三頁。
(36) 同書、四九頁。

(37) 同書、四三―四四頁。
(38) 同書、五二頁。
(39) 同上。
(40) 同書、五三頁。
(41) 同書、五〇頁。
(42) 同書、一〇〇頁
(43) 同書、一〇三頁。
(44) 同書、一〇二頁。
(45) ルソー著/桑原武男・前川貞次郎訳『社会契約論』岩波文庫、一五頁、二〇〇一年。
(46) 同書、一六頁。
(47) 同書、二〇頁。
(48) 同書、二〇―二一頁。
(49) 同書、二九頁。
(50) 同上。
(51) 同書、三〇頁。
(52) 同上。
(53) 同書、三一頁。
(54) 同上。
(55) 同書、三三頁。
(56) 同書、三五頁。
(57) 同書、三六―三七頁。
(58) 同書、四一頁。
(59) スピノザ著/畠中尚志訳『国家論』岩波文庫、一三頁、一九九五年。
(60) 同書、一四頁。
(61) スピノザ著/畠中尚志訳『エチカ』(上)、岩波書店、二四二頁、一九九五年。

(62) 同書、それぞれ、二四三頁、二四九頁。
(63) スピノザ著『国家論』前掲書、一五頁。
(64) 同書、一六頁。
(65) 同上。
(66) 同書、十七―一八頁。
(67) 同書、一八頁。
(68) 同書、十九頁。
(69) 同書、二三頁。
(70) 同書、二七頁。
(71) 同書、二八頁。
(72) 同上。
(73) 同書、二七頁。
(74) 同書、二九頁。
(75) 同書、三七頁。
(76) 同書、三九頁。
(77) 同書、第三章第九節。
(78) 同書、六三頁。

第2章　共同主観性としての共感、アダム・スミスとハンナ・アーレント

はじめに

共感に基づく共同体形成の可能性について論じる。手順としては、まず、アダム・スミスの『道徳感情論』において[1]、彼の言う「共感」（sympathy）[2]の概念を分析して、共感という仕方での、感情を通しての他者の理解ないしは私と他者との相互理解が可能であることを論じる。他者を理解すること、すなわち、私以外の他者が存在することの認識ないしは経験と、その他者と一定の関係を持ちうるということが共同体形成の基礎をなすからである。

次に、ハンナ・アーレントの『カント政治哲学の講義』[3]に従って、アーレントのカント解釈を通して、カントのいわゆる『第三批判』すなわち『判断力批判』取り上げる。カントの美学的判断を通して現れる感情を介しての他者理解をアーレントの解釈に即して、考察する。美学的感情を通してのカントの他者理解の仕組みは、スミスの『道徳感情論』における共感の仕組みを、概念的にさらに精密に仕上げたものとして見ることもできる。少なくとも両者の間には、理論上の親近性がある。

第一節　アダム・スミスの『道徳感情論』

「人間がどんなに利己的なものと想定されうるにしても、あきらかにかれの本性のなかには、いくつかの原理があって、それらは、かれに他の人びとの運不運に関心をもたせ、かれらの幸福を、それを見るという快楽のほかにはなにも、かれはそれらからひきださないのに、かれにとって必要なものとするのである」(4)。これがアダム・スミスの共感の原理である。例えば、哀れみ（pity）または同情（compassion）がそうであり、他の人々の悲惨を実際に見たり、または、生き生きと想像するときに我々が感じる感情である。他の人々の悲しみが、我々のうちに悲しみを生じさせることは、明白で証明の必要がない。

しかし、苦痛や悲哀だけが共感・同胞感情の対象ではない。怒りであれ、喜びであれ、感謝であれ、どのような感情であろうとも、その感情を被っている人の、あるいはその感情を享受している人の境遇に思いをいたすとき、注意深い観察者には類似の感情が起こるのである。憐れみと同情は、他の人々の悲哀に対する我々の同胞感情を表す。したがって我々は、悲しみに限らず、どのような感情に対する同胞感情であっても、共感という用語を、我々の同胞感情を示すのに、たいした不都合なしに用いることができる。

共感はどのようにして可能となるのだろうか。我々は他の人々の感じることについて直接経験することはできない以上、想像力によるしかない。もし我々が彼の立場に置かれたならば我々自身の感情はどのようなものであろうかと想像するのである。「想像力によってわれわれは、われわれ自身をかれの境遇におくのであり、（中略）われわれはいわば彼の身体にはいりこみ、ある程度までかれになって」(5)、彼の感じている感情についての一定の観念を形成するのである。例えば、想像の中で受難者と立場を取り替えること、これが他の人々の悲惨に対する我々の同胞感情の源泉である。

しかしながら、場合によっては、共感は、他人のある感情表出を見るだけで、即座に、言い換えると、その感情を掻き立てたものについて何の知識もないのに、生じるかもしれない。例えば、外見と身振りに強く表現された悲嘆と歓喜などがそうである。しかし、このことは一般化できない。もし、悲嘆と歓喜の外観が我々に類似の感情を注ぎ込むとすれば、それは、それらの外観が、その人に降りかかった不運や幸運についての一般観念を、我々に示唆するからである。というのは、情念によっては、それを引き起こした原因を我々が知るまでは、むしろ不快感や怒りを我々に生じさせるものがあるからである。

したがって、共感は、その感情を考慮してよりも、それを掻き立てる境遇を考慮して起こるのである。なぜなら、我々が想像によって彼の立場に身を置くとき、彼には決して起こらないような感情も、我々に生じることがあるからである。例を挙げると、他人の不謹慎や粗野を前にして、我々は赤面するが、当の本人自身は自分の無作法について何も感じていないということもある。また、理性の喪失は、最も悲しむべきものなのに、本人は、自分の悲惨さをまったく感じていない。また、スミスは、病気の幼児が受けている苦しみに同情して苦悩する母親について、幼児は現在の瞬間の不快を感じるだけであって、その不快はそれほど大きいものではない、と述べている(6)。幼児の無思慮と予想の欠如ゆえに、母親が苦しんでいると想像する恐怖と懸念を幼児は免れているからである。また、人は死者に対してさえも共感する。暗く冷たい土の中で腐敗していく死者の運命を想像することは我々にとっては辛いことであるが、しかし、死者自身はもはや何も感じないのである。

今ここに、当事者、すなわち、現実にある境遇にあって悲しみなり喜びなりの感情を経験している者と、それを外から、しかし、その当事者の身になって彼の感情を想像している観察者とがいるとしよう。そのとき、もし当事者に観察者が共感するならば、当事者の抱いている感情は、観察者にとって正当だと思える感情である。当事者はその感情を引き起こしている対象に適切な感情によって反応していると、観察者は判断していると言うことができる。反対に、もし事情が観察者自身のものであったらと想像するとき、当事者の表現している感情が観察者の感じるところと一致しないならば、それらの感情は不当不適切であり、感情を引き起こした原因と感情的につり合った反応ではないと、観察者が判断したということになるであろう。「したがって、他人の諸情念を、その諸情念の対象にとって適合的なものとして是認することは、われわれがそれらに完全に共感するとのべるのと、おなじことであり、そして、それらをそういうものとして是認しないことは、われわれはそれらに完全には共感しないと、のべることとおなじである(7)」。

スミスに従えば、私の権利の侵害に対する私の憤慨に共感する人は、私の憤慨が正当なものであることを認めている、ということである。また、私の悲嘆に共感する人は、私の悲嘆がもっともであることを認めているのである。私と同じ詩または同じ絵に感嘆し、私が賞賛するようにそれらを賞賛する人は、私の感嘆の正しさを認めているのである。もっとも、趣味に関しては、共感との関係はスミスでは、すぐ後に見るように、カントとは異なっているが。反対に、これらのさまざまな場合において、私が感じるような感情を何も感じないか、あるいは私の感情に対して何らかのつり合うものを感じない人は、私の感情を不適切なものとして、否認するに違いない。すなわち、共感は是認であり、是認とは共感することである。というのも、これらすべての場合において、「かれ自身の諸感情が、かれが私の諸感情を判断する基準であり尺度なのである(8)」。我々が、他人の経験している何らかの感情について、その感情が、それを掻き立てた原因につり合っているか否かを判断する場合、対応する我々自身の情感以外、いかなる規則、基準もない。ある対象が他人に引き起した感情が、私の場合に引き起こすであろうと想像される私の感情と一致符合するならば、私は、彼の感情を対象につり合った感情として認める。ある人の諸能力は、他の人の類似の諸能力を判断するときの、尺度である。スミスは言う、「私はあなたの視覚を、私の視覚によって、あなたの聴覚を私の聴覚によって、あなたの理性を私の理性によって、あなたの憤慨を私の憤慨によって、あなたの愛情を私の愛情によって判断する」[9]。共感は是認の判断に他ならない。

このように、他人の感情の適切さ不適切さを、その感情が我々自身の感情と一致するかどうかによって、すなわち、我々がその感情に共感できるかどうかによって、判定することができるのであるが、この感情による判断には二つの場合分けが必要となる。(1)感情を引き起こす対象が、我々自身にも、また他人にも、何も特別な関係なしに考察される場合と、(2)対象が、我々のうちのどちらか一方に、特別に作用していると考えられる場合とである。前者の場合とは、「科学と趣味のすべての一般的主題」である。そこにおいてはすでに、ある意味での共感が成り立っているのである。というのは、「われわれは、これらについて感情や情感のもっとも完全な調和を生みだすために、同感、あるいはそれから同感が生じる想像上の境遇の交換を、必要としない」からである[10]。

他方、(2)の場合の、我々自身か、あるいはその感情を我々が判断する人物かの、どちらかに特殊な仕方で作用を及ぼす対象については、この調和と対応を保持することは、すなわち、共感という関係を打ち立てることは、(1)の場合よりも常に困難で、しかもはるかに重要である。この場合、観察者は、できる限り当事者の身になって考えるために、彼の境遇に想像によって身を置かなければならない。共感の基礎である想像上の境遇の交換を、できる限り完全なものとするよう努めなければならない。

しかし、当事者の現実の感情と観察者の想像上の感情は本質的に異なる。したがって、当事者も、他者の共感を得るためには、彼自身も想像力によって観察者の立場に身を置いて、観察者に自分の感情がどのように感じられるかを推し量り、観察者が共感できるよう自分の感情を制御しなければならない。当事者のあまりに激しい感情表出は観察者を戸惑わせ、それどころか反感さえ引き起こす。両者の共感的一致を生み出すために、自然は観察者たちに、当事者の事情を自分のものと想定するように教えるが、同時に、当事者に対しても、観察者の事情を少なくともある程度、自分のものと想定するように教える。もし自分が観察者の一人に過ぎなかったならば、どのようなやり方で対象から感情的影響を受けるだろうかと、想像し、自分の感情を観察者の感情にできるだけ近づけるよう努めることで、観察者からより多くの共感を、したがって、同意を得られるであろう。このようにして、当事者も、自分の感情をいくらかでも静め、冷静になることができるのである。そういうわけで、社交と交際とは、精神が不幸にも平静さを失ったとしても、それを取り戻すための最も強力な救済手段であり、落ち着いた幸福な気持ちの最善の維持手段である。(11) スミスの考えでは道徳の基礎は、ここに見出される。これら二つの努力、すなわち、当事者の感情に入り込もうとする観察者、とりわけ、中立的観察者の努力と、自己の感情を観察者がついて行けるものにまで引き下げようとする当事者の努力との上に、二つの異なる組の徳が基礎付けられる。愛すべき徳、率直な謙遜と寛大な人間愛の諸徳は、前者の上に基礎付けられる。自己否定の徳、自己統御の徳、情念の統御の徳は、後者に起源を持つ(12)。

第二節　ハンナ・アーレント、カント政治哲学

アーレントが、カントの最重要政治論文として挙げるのは、『永遠平和のために』『法の理説』などのカントのいわゆる政治的著作ではなくて、『判断力批判』である。しかし、このことはこれまでのカント研究の歴史からすればまったく意外なことである。というのは、この書はこれまで、美学書として、美についての哲学的考察として、扱われてきたからである。ところが、アーレントはこの書を、カントの政治哲学として読むことを、ニュー・スクール・フォー・ソーシァル・リサーチでの、一九七〇年秋学期の講義で提案し、それを実行する。以下、『カント政治哲学の講義』に従って彼女のカント解釈を概括しよう(13)。

第二講「『判断力批判』の問題性」においてアーレントは、『判断力批判』が、カントの生涯の終わりに残された二つの問題の解決を目指していることに注意を促す。その第一の問題が、カントが彼のいわゆる批判前期の『美と崇高との観察』以来持ち続けていて、その解決を先延ばしにしていた「社交性」の問題である。「人間の社交性とは、人間は誰も一人では生きられないという事実であり、人々は単に欲求と世話においてだけではなくて、人間社会以外では機能することがない最高の能力である人間精神においても、相互依存的である、という事実である」(14)。「交際は思索者にとって不可欠である。」とカントは言う(15)。社交性は、『判断力批判』、あるいはカントが『判断力批判』に取りかかった頃そう呼んでいた、『趣味の判断』の第一部にとって重要な概念である。

また『判断力批判』は、他の『批判』と比較するとき、どれよりも、政治的なものとの結び付きが見られる、とアーレントは指摘する(16)。①『純粋理性批判』(『第一批判』)、『実践理性批判』(『第二批判』)のいずれにおいてもカントは、叡知的存在者(『第二批判』)あるいは認識的存在者(『第一批判』)について語ったが、『第三批判』においては、人間についてそのようなものとしては語っていない。『第三批判』の第一部は、社会の中で現実に存在し、生活している複数の人間について語っており、第二部は、人類について語っている。『第二批判』と『判断力批判』との決定的な相違は、前者における道徳的法則がすべての叡知的存在者に妥当するのに対して、後者における法則は地上の人間存在に、その妥当性を厳格に制限されている。

さらに、②判断力の能力が、特殊的なものを扱う、という事実にある。これら特殊的なものには二種類あるが、そのうちのひとつが、『判断力批判』の第一部が扱う正確な意味での判断力の諸対象である。すなわち、美そのものの一般的カテゴリーのもとに包摂することができないけれども、我々が「美しい」と呼ぶようなものである。我々はこれに対して適用しうるいかなる規則も持たない。「何と美しいバラだろう」と言うとき、まず、「すべてのバラは美しい、この花はバラである、ゆえにこのバラは美しい」と述べることによって、この判断に到るわけではない。また、逆に、「美はバラである。この花はバラである、ゆえにそれは美しい」と述べることによって、この判断に到るわけでもない」[17]。

『判断力批判』の諸主題は、特殊なものを扱う人間精神の能力としての判断力の能力と、この能力の機能する条件としての人間の社交性である。人間は、単に身体と自然的欲求のためばかりでなく、まさしく精神的諸能力のためにも、仲間に依存しているという洞察であるが、これらの主題はすべて卓越した政治的意義を有しており、政治的な事柄にとって重要である。そしてこれらのことは、批判前期からのカントの関心事であった[18]。

ところで、判断力は、「単なる観想的快または非活動的満足」に由来し、また「観想的快の感情は趣味と呼ばれる」[19]。この「観想的快と非活動的満足感」から生まれる共感こそ、六五歳のカントがフランス革命に対して取った態度に他ならなかった。

アーレントは、カントの政治についての考え方において、行為者と注視者（spectator, onlooker）との間に対立があり、カントは注視者のほうに政治のリアリティを見ていたことを明らかにしようとする。アーレントは彼女の「第七講」において、カントのフランス革命に対する矛盾した態度を取り上げる。マルクスはカントをフランス革命の哲学者と呼んだが、カントの取った態度は、革命に対するほとんど限りない賞賛と同時にフランス市民の側の革命的企てに対するそれに劣らぬ限りない反対という、まったく矛盾したものであった。革命に対するカントの積極的な評価は、次のカントの言葉に見ることができる。

この事件〔フランス革命〕の本質は、そのためにこれまで人々の間で偉大であったことが些末なことになり、あるいは些末であったことが偉大なこととなるような、人々によってなされる重大な功績や悪行のうちにあるのではない。またそれは、あたかも魔法によるかのようにして古代の壮麗な政治的建造物が消滅して、それに代わって他の建造物が地の底からのように現出することのうちにあるのでもない。否、それは決してそうした種類のものではない。それはまったく、偉大な変革というこのゲームにおいて自分の姿を公共的に現すところの注視者たちの思考様式にある。これは、一方の側の競技者に反対し、他方の側の競技者に向けて、普遍的なしかも非利己的な〔没利害的〕な共感を表明する、それももし見つかればこの不公平は彼らに非常に不利になる、という危険を冒してまでも共感を表現する、という注視者たちの思考様式である。この思考様式は、その普遍性のゆえに、人類の性格を全般的に開示し、同時にその非利己性〔没利害的〕のゆえに人類の道徳的性格を少なくとも素質として明示するのである。この性格は、人々によって善きものへの進歩を望むことを許すばかりでなく、その能力が現状にとって十分である限り、すでにそれ自体が進歩なのである（『諸学部の争い』第二部「更新された問い――人類はより善きものへ絶えず進歩しているか」[20]）。

フランス革命を世界史上の偉大な出来事としているのは、それは、革命を熱い共感を持って注視していた見物人・注視者たちが存在したからである。その注視者たちの思考様式のゆえに、フランス革命は忘れえぬ出来事となったのである。注視者たちの非利己性・没利害性から生まれる共感は、自己の主観的立場を離れた共感であるがゆえに普遍的であり、したがって、人類全体に対する妥当性を持っており、また、人間がそのように自己の利害を超えて共感しうる事実は、人間の高い道徳性を表している。フランス革命の注視者たちの存在は、人類の未来に明るい希望を投げかける限りにおいて、人類の進歩を約束している。フランス革命に対するカントの矛盾した態度は、行為者と観察者とを対立的に捉えるところから来る。

同じカントの矛盾を、戦争に対する彼の態度に見ることができると、アーレントは「第九講」で指摘する。戦争と平和の問題においては、カントの共感は明白にかつ絶対的に平和の側にある。『永遠平和のために』には次のように述べられている。「理性は、道徳的律法の最高権威の玉座から、戦争を合法的手段とすることを絶対に非難し、たとえ平和が国家間の盟約による以外に確立または確保されえぬ場合ですら、平和状態を直接的な義務とする」[21]。行為者としては、戦争は絶対に訴えてはならない行為であり、否定されなければならない。しかし、観察者・注視者としては、カントは別の戦争観を持っている。危険に屈しない兵士の勇気に対して人々の持つ独特の尊敬のゆえに、政治家と将軍とを比較するとき美学的判断力は後者に軍配を挙げる。また、戦争は、一方では、技術の進歩に寄与するとともに、他方では平和へ向けての進歩さえもたらす。というのは、戦争の恐ろしさが増せばますほど、それだけ人々は理性的となり、平和を求める国際的な欲求が強くなるからである。しかしながら、美学的・反省的判断力のこうした洞察は、活動に対して何ら実践的帰結を持たない。行動としては、いかなる戦争も行ってはならないのである。戦争ではなくて平和である。この限りにおいて、戦争の崇高な面に目を向ける注視者の判断は退けられる。

しかしながら、フランス革命と戦争の場合とでは、注視者の判断の評価に関して違いがあるにしても、それらのいずれにおいても、密接に結び付いたふたつのきわめて異なった要素がカントの考えの中には見出されることに、アーレントは注意を促す[22]。第一に、注視者の立場である。注視者が見るものの重要性である。彼は、それらの出来事の取る経過において、行為者たちの知らない意味を発見することができた。そして、彼の洞察の存在論的根拠は彼が出来事に対して利害関係を持たないことであり、彼の非関与性であり、彼がそこに巻き込まれていないことにあった。第二に、進歩の観念があった。すなわち、未来に対する希望であり、出来事は、未来において、将来の諸世代にとって有している約束に従って、判断されるのである。

注視者のみが自体の真相を知り、行為者は知らない。こうした考えは古くからある。ディオゲネス・ラエルティオスによれば、「人生は祝祭のようなものである、とピュタゴラスは言った。競技をするために祝祭に来るもののいれば、商売を営むために祝祭に来るものもいる。だが最良の人びとは観客としてやって来る。それと同様に、人生においても、奴隷的な人間は名声や利益を追求するが、哲学者は真理を追求する」[23]。

このような観想者優位の評価の基礎をなす古くから言われている論拠に、(1)観想者のみが全体を見ることができる。行為者は演劇の一部であるがゆえに、自分の役割を演じなければならないから、その本性上、偏った見方しかできない。公平で全体を見渡すためには、ゲームの外へ退去し、観想者となることが必要条件である。(2)行為者は名声を気にする。名声とは他者の意見に他ならない。行為者にとって重要なことは、自分が他者にどう見えるかということである。ということは、行為者は注視者の意見に依存しており、自律していないことを意味する。基準は注視者であり、この基準こそが自立的なのである。

こうした古くからある論拠に、カントの場合にはまったく新しい進歩の観念が付け加えられると、アーレントは強調する[24]。ギリシャの注視者は、個々の出来事の秩序をそれ自体によって考察し判断を下すことで満足し、その出来事をより大きな過程に関係付けることがない。また、カントの歴史を判断する進歩の観念は、物語の終局においてのみあらわになるという古くからの原理を覆すことにもなる。物語や出来事の重要性は、その終局にあるのではなく、それが将来のために新しい地平を開くところにある。来るべき世代のためにそれが含んでいる希望にある。カントにとって、世界史に対応する主体は人類である。自然の計画は人類の全能力を開発することにあり、人類一般の目的は永続的進歩である。カントの道徳哲学（行為者の哲学）の中心は、個人であるが、歴史哲学の中心には人類の永続的進歩が位置する。一般的観点・立場に身を置く「世界市民たる注視者」が、全体についての理念を持ち、個々の特殊な出来事のうちに進歩がなされているか否かを判断する[25]。

「第八講」でアーレントは、カントが『永遠平和のために』の中で表明した、一切の政治活動を支配する「公共性という超越論的原理」について言及している[26]。その「断言的かつ超越論的原理」とは、「その目的を失敗させせないためには公表性を必要とするすべての格律は、結合せられた法と政治とに合致する」[27]。すでに見たように、政治活動に必要な公共性、公表性を与えるのは、政治活動に直接関係している者ではない。革命においては、援助の意図を持たずただ共感を持って眺める部外者としての大衆による賛美であった。「革命を世界史的重要性をもつ公共的事件としたのは、まさしくこの共感であった。したがって、この特殊な事件に相応しい公共領域を構成したのは、行為者たちではなくて喝采を送る注視者たちだったのである」[28]。「第十講」で彼女はその事を確認した上で、カントにおける公共性ないしは公表性の問題を考える最良の方法として、「美学的判断力の批判」へ向かうことを我々に勧める。『判断力批判』第一部「美学的判断力の批判」においてカントは、作品の制作と、その作品を判定批評する趣味との関係を論じている。アーレントは、芸術における行為者と観察者の問題に重ねて、政治における実践と観察者の問題を考えようとしている。

第三節　アーレントの解釈によるカントの美学的判断力

美学的判断力を論ずるにあたって、カントは天才と趣味とを区別する。芸術作品の制作には天才を必要とするが、その良し悪しを判定するのは、趣味である。カントによれば、天才は産出的構想力ないしは独創性に関わる能力であり、これに対して趣味は単に判定に関わる能力である。ところで、芸術を美的芸術と判定するための不可欠な条件とは、どちらであろうか。カントの考えでは、美についての大部分の審判官は、天才と呼ばれる産出的構想力を欠くが、しかし天才を付与された少数の者が趣味の能力を欠くことはない。すなわち、カントは趣味に対する天才の従属を認めるのである。「美にとって観念が豊富で独創的であることは、構想力が自由に働きつつ〔趣味と呼ばれる〕悟性の合法則性と調和していることほどには必要でない。なぜなら、構想力がいかに豊富であっても、無法則的自由のもとでは無意味以外の何ものも産み出さないのに対して、判断力は構想力を悟性へ適合させる能力だからである。（中略）趣味は諸観念を永続的かつ一般的に受け入れられるようにして、他者がそれを継承することを可能にし、そして文化の不断の進歩を可能にする。その際、芸術作品のうちでそれら二つの資質の衝突が生じ、犠牲にならねばならぬものが生じた場合に、何ものかが犠牲にされねばならないとすれば、それはむしろ天才の側であろう[29]」。

趣味の能力は天才も共有していなければならない能力である。この能力を欠くならば、演技者や制作者は、鑑賞者から孤立し、認められることができないであろう。芸術家の真の独創性は、いかにして自分を芸術家ではない者に理解させるかにかかっている。美的対象の存在を可能にしているのは、伝達可能性である。いかなる美的対象も、鑑賞者（注視者）の判断力のつくり出す美学的公共空間において伝達可能性・理解可能性が保証されなければ、存立不可能となる。公共的領域は演技者と製作者によってではなく、批評家と鑑賞者によって構成されるのである。

ところで、狂気の本質は、注視者としての判断を可能にする共通感覚の喪失にある。というのも、狂気は、「他者が居合わせる場合にのみ正当であり、また正当化されうるような経験」とは、本質的に異なる秩序にあるからである[30]。狂気とは反対の、是非の判定能力ないし判別能力である共通感覚は、すぐ後で見るように、趣味の判断の核心をなす。問題は、その共通感覚が、まったく主観的で伝達不可能な私的感覚である趣味（taste）の感覚すなわち味覚（taste）に基づくことである。趣味の感覚に関しては「蓼食う虫も好き好き」で、議論することさえ意味がない。

我々の五感のうち三つの感覚は、我々に外的対象を与えるものであり、したがって、これらの感覚によって、対象は同定可能であり、他者と共有することができる。また、これら三つの感覚は再現可能である。これに対して、味覚と嗅覚は、まったく私的で伝達不可能な内的感覚を与える。まず、味覚ならびに嗅覚の感覚が感じるのは、対象ではなくて、感覚であり、しかもこれらの感覚は対象に縛られず、想起も不可能である。これらの感覚には、見られた対象や聞かれた対象あるいは触れられた対象の帯びる客観性そのものがまったく欠けているか、少なくとも現前しておらず、それゆえにそれらの感覚は主観的である。また、我々が味わう食物は我々自身の内部にあり、またバラの香りもある意味でそうであるがゆえに、それは内的感覚である。さらに、快ないしは不快を感じることは圧倒的に味覚および嗅覚において生じる。そして快を感じることはほとんど同意することに等しく、不快は同意しないことに等しい。すなわち、快・不快は、直接的でいかなる思考も反省によっても媒介されない。この問題の核心は、私が直接触発されているということである。まさにこのゆえに、ここでは是非についての議論は起こりえないのである。

事態を混乱させているのは、味覚という伝達不可能な私的感覚が、にもかかわらず、趣味の判断力、是非の判断力の基礎に置かれていることである。この難問を解決するのが構想力である、とアーレントは答える[31]。構想力とは現存しないものを現前させる能力であるが、この構想力が視覚・聴覚・触覚の客観的感覚の対象を、ちょうど味覚や嗅覚の内的感官の対象であるかのように、快・苦の感情の対象に変えるのである。客観的に存在し我々に対して直接の利害関係を持つ対象は、構想力によって、そのものがあたかも現実には存在しないかのように、単なる表象に、極端に言えば、絵空事であり、夢の中の出来事であるかのように、変えられてしまうのである。客観的に存在する現実の対象についての知覚が、想像力によって変容されることによって、客観性を失い、単なる表象となり、想像上の存在となる。そうなることによって、対象は、現実に存在する知覚の対象が、私の快・苦の感情を刺激するのとは異なる仕方で、私の快・苦の感情を触発する。

この違いは、現実の知覚の対象を前にしての私の快・苦の感情と、想像された表象に対して私が抱く快・苦の感情とを比較すれば、容易に理解されよう。現実の知覚の対象が引き起こす感情は直接的で有無を言わせない感情である。知覚において私に快感を与えるものは、私に満足感を生み出すとしても、美的であるとは言えない。それはあくまでも私個人の感情に留まり、伝達可能性を持たない。これに対して、構想力によって変容された表象に関しては、その表象が生み出す私の感情に対して、私は距離を取ることができる。現実の出来事に直面しているときと、劇や映画の一場面としてある出来事を見ているときでは、それらの出来事が引き起こす自分の感情に対する態度の取り方に違いのあることは、誰もが経験していることである。想像上の出来事によって触発される感情に対しては、私は、好きなだけ距離を取ることができ、その感情からいつでも撤退できるほどである。これに対して、現実の出来事に直面しての感情から、私は自由に身を引き離すことはできない。構想力の産み出す、表象を介することによるこの感情からの距離とは、「是認や否認の為に不可欠の、あるものをその固有の価値において評価するために不可欠の隔たりであり、非関与性、没利害性である。対象を除去することによって、人はそこに公平さのための条件を確立したのである[32]」。

構想力によって設定されるこの距離によって、美学的判断力の反省の作用が可能となのである。フランス革命のときに行為者として参加しなかった注視者たちのように、「もはや人が直接的な現前によって触発されえないとき」には、「ただ表象の中で人の心に触れ、触発するもののみが、是か非か、重要か見当違いか、美か醜か、あるいは中間の何かであるか、といった判断の対象となり得るのである[33]」。構想力が現実の知覚の対象を表象に変えることによって、知覚が直接的に有無を言わせず我々に引き起こす快・苦の感情から自由になり、その代わりに、表象を介して触発される快・苦の感情を経験することになる。しかし、この表象による感情は媒介された間接的な感情であるがゆえに、この感情に対しては距離を取ることができ、この感情に対してその是非を反省することができるようになる。

ところで、アーレントの指摘によれば、カントは「最も私的な主観的な感覚のように見えるもののうちにも、実は非主観的な何かがある、ということに気づいていた」[34]。そして、『判断力批判』から次の言葉を引いている。「対象について他者と共に満足を感じることができない場合には、恥を感ずる」。すなわち、味覚や嗅覚などの、あるいは趣味の感覚の、非客観的感覚の中にある非主観的なものとは、「共同主観性（intersubjectivity）」[35]に他ならない。趣味の判断においては、常に他者の趣味を考慮し、他者の下す可能性のある判断を重視しなければならない。なぜなら、趣味の判断においては、私は共同体の一員として判断するからである。

すでに触れたように、判断力すなわち美学的判断力は二つの心的作用からなる。第一は、今見てきたばかりの構想力の作用である。この作用によって、客観的な知覚の対象は外的感官から移されて私的主観的感覚の対象となる。アーレントの言い方を借りれば、対象を客観的に与える感官に「蓋がされる」[36]。対象は、もはや我々に現実に存在するものではなくなり、したがって、我々を直接触発することもなくなる。こうして、構想力は、美学的判断力の第二の作用である反省作用に、その反省の対象を準備する。確認のために付け加えると、その準備は二重の操作を含んでいる。第一に、外的感官の客観的対象を私的主観的な快・苦の感覚の対象に変容させる。第二に、しかしこうした変容を通して主観的となった対象が引き起こす感覚は、現実の味覚や嗅覚の対象とは異なって、その快・苦の感情において、間接的で媒介されている。言い換えると、味覚が我々に引き起こす快・苦の感情が直接的で、抜き差しならぬまったく受動的な経験であるのに対して、構想力によって変容された対象の産み出す快・苦の感情は、構想力によって媒介されている分だけ間接的であり、その分だけ、我々は自分の感情に対して、距離を取ることができる。この距離が美学的判断力の第二の要素である反省作用を可能にするのである。

このような意味で、構想力は、反省の作用のためにその対象を準備する。判断力における反省の作用は、構想力によって変容された対象が引き起こす快または不快の感情に対して働く。この段階での快・不快の感情は、味覚の場合と同じくまったく主観的で、伝達不可能な感情である。反省の働きは、この私的な快・不快の感情を対象として、その感情の是非を問うのである。言い換えると、美学的判断において私は、ある対象に関して自分が感じている快・不快の感情について、その感情が妥当であるか、そうでないかを反省するのである。それ自体、すでに承認と拒否との選択を意味している快・苦の感情は、さらに、是認と否認の対象となるのである。ある出来事について今自分が感じている快の感情を反省して、それが是認されるならば、我々はその是認を一つの感情として感じるのである。例えば、「立派な業績を残した夫の死に対する未亡人の悲しみのように、その深い悲しみがそれを感じる当人にとってかえって快いこともある」[37]。自分の感情を反省して感じる、感情の感情は、最初の感情の対象によって引き起こされているのではなくて、最初の感情を是認ないしは否認する反省の作用そのものが、感情の感情を与えるのである。この意味で、趣味の判断は、味覚(趣味 taste)の感覚の批判である。

そこで問題は、いかにして我々は、ある自分の感情に関して、是認と否認との間で選択するのかということである。その選択の際の反省の尺度とは何か。その尺度となるのが、伝達可能性ないしは公共性(publicness)であり、さらにそれを決定する基準が共通感覚(common sense)に他ならない[38]。例えば、上の例で言えば、偉業を成し遂げた夫の死を悼む寡婦の悲しみは、他の人が理解し共感できる伝達可能な感情であるがゆえに、その悲しみは是認され、したがって、その悲しみはそれを感じている未亡人に快いのである。遺産を残した父親の死に対する過度の喜びは、その喜びのおおっぴらに公表することができないがゆえに、否認される。これに対して、学問研究を行うことの喜びは、公表しても非難されることがないがゆえに、是認される。

共通感覚とは、「極めて私秘的でありながら、同時に万人にとって同一であるような感覚」であり、カントは、この語によって、「我々を共同社会に適合させるある特別な感覚」を言い表そうとしているとアーレントは考える[39]。カントにとっては共通感覚とは、「共同体感覚」を意味する[40]。「共通感覚の下に、我々は万人に共通した感覚という観念を含めなければならない。それは、いわば自分の判断を総体的人間理性と比較するために、反省において他のあらゆる人間の表象の仕方を思想のうちで（ア・プリオリに）顧慮するような判定能力である」[41]。共通感覚は、私的感覚から区別された共同体感覚であり、美学的判断はその万人のうちにある共通感覚を尺度にして、判断の是非を下すのである。共通感覚に訴えることによって、美学的判断はその特殊な妥当性、すなわち、客観的普遍妥当性ではない、共同主観的な妥当性を獲得するのである。

我々は上で、カントが早くから社交性の問題に関心を寄せてきたのを見た。趣味の判断としての判断力は、人間の社交性に基礎を置いているのであり、社交性の一部をなす。「もし我々が社会への衝動を人間にとって自然なものとして認め、そして社会への適応性と性癖とを、すなわち社交性を社会へと定められた存在としての人間の要件であり、したがって人間性（Humanität）に属する特性であるとして認めるならば、我々はまた趣味をも、それによって自分の感情を他のすべての人々に伝達しうるようないっさいのものについての、判断力であるとみなさざるをえず、またそれ故、万人の自然的傾向性が欲するものを促進する手段であるとみなさざるをえない」[42]。「人は常に自分の共同体感覚、自分の共通感覚に導かれながら、共同体の一員として判断する。人は人間的であるという単なる事実によって、世界共同体の一員となる」[43]。これは、カントにおいて政治的なものと美学的なものとが領域を共有していると主張するアーレントの考えの要約である。

注

（1）アダム・スミス著／水田洋訳『道徳感情論』岩波文庫、二〇〇三年。
（2）同書のこの語の訳は「同感」となっているが、ここでは「共感」という訳語に変更する。
（3）ハンナ・アーレント著／ロナルド・ベイナー編／浜田義文監訳『カント政治哲学の講義』法政大学出版局、一九九七年。
（4）スミス著『道徳感情論』前掲書（上）、二三頁。
（5）同書、二五頁。

(6) 同書、三三頁。
(7) 同書、四四頁。
(8) 同書、四五頁。
(9) 同書、五〇頁。
(10) 同書、五一頁。
(11) 同書、六〇頁。
(12) 同書、六一頁。
(13) アーレント著『カント政治哲学の講義』前掲書。
(14) 同書、九頁。
(15) 同上、アーレントによるカントからの引用。
(16) 同書、一三頁。
(17) 同書、一三―一四頁。
(18) 同書、一五頁。
(19) 同上。
(20) 同書、六四―六五頁においてアーレントが行った引用から。訳文に一部変更がある。
(21) 同書、七八頁、アーレントによる引用。
(22) 同書、八一頁。
(23) 同書、一七六頁。
(24) 同書、八四頁。
(25) 同書、八七頁。
(26) 同書、七一頁。
(27) 同書、七二頁。
(28) 同書、九三頁。
(29) 同書、九四頁。『判断力批判』「第五〇節」からのアーレントによる引用。
(30) 同書、九七頁。

(31) 同書、九八頁。
(32) 同書、一〇二頁。
(33) 同書、一〇一―一〇二頁。
(34) 同書、一〇二頁。
(35) 同書、一〇三頁。ただし訳語に変更あり。
(36) 同書、一〇四頁。
(37) 同書、一〇五頁。
(38) 同書、一〇六頁。
(39) 同書、一〇七頁。
(40) 同書、一〇九頁。
(41) 同書、一〇八頁。アーレントに引用されたカント『判断力批判』第四〇節。
(42) 同書、一一三頁。アーレントに引用された『判断力批判』第四一節。
(43) 同書、一一七頁。

第3章　ベルクソン

第一節　本能的社会と習慣としての責務

ベルクソンは、最後の大作『道徳と宗教の二つの源泉』において(1)、彼が社会の紐帯・結合力と考えた道徳と宗教を取り上げて、生命に基づく社会・共同体の形成原理を考察した。人間社会の基本的形態として、閉じられた社会と開かれた社会がある。閉じられた社会は、生命が自然の進化の結果到達する共同体の形で、本質的には生命の本能的力によって結合されている構成員からなる。本能的社会の典型は、蟻や蜂の昆虫の、とりわけ膜翅類の世界である。人間の社会も、その自然の本質においては、やはり本能的に有機体をなす生命の力に基づいて形成されている。ただし、人間においては、昆虫とは対照的に、知性が発達している。知性は生命の持つ、本能とは別の、物質に対して働きかける力である。この点で、昆虫型の本能的社会は、修正を受けている。すなわち、本能の代わりに、知性を媒介として形成された習慣に他ならない道徳すなわち責務・義務が、構成員を社会に結合している。知性の発達した人間の社会では、生命の本能が直接社会的結合子として機能することができないので、本能に代わって、習慣によって形成された責務が同じ役目を果たすのである。

社会は数多くの細胞からなる一個の有機体になぞらえることができる。細胞はお互いに従属し合って階層をなす組織を作り、すべてが全体の最大利益のためにひとつの規律に従う。この規律には部分の犠牲を強要する力が備わっている。しかし、有機体は必然的法則に従っているのに、社会は多数の自由意志から構成されているという点で本質的に異なっているのではないか、という反論がありえよう。これに対しては、意志も、ひとたび組織に属するならば、有機体とよく似た様相を呈すると、答えることができる。すなわち、人為的な有機体にあって習慣の果たしている役割は、本来の有機体において自然の必然性が演じている役割と同じである。社会的生活は、共同体の必要に応じた習慣の体系に根ざしているように見える。その習慣には命令する習慣もあるが、大部分は服従する習慣である。習慣一般に対して我々は拘束されているのを感じるが、社会的拘束・責務としての習慣は、他の習慣とは比較を絶して強い拘束である。(2)

社会の成員がお互いに支え合う様子は、一個の有機体に属する細胞の場合に酷似する。習慣は知性と想像力とに助けられて、成員の間に規律を導き入れ、この規律が独立した個体間に連帯関係を打ち立てる。この連帯関係は、有機体の統一を模倣していると考えることができる。有機体を構成している細胞が一瞬意識を持ったと仮定すると、この細胞は解放されたいと思うか思わないうちに、再び必然の力に捕らえられるだろう。社会に属する個人のほうは、有機体の必然力を真似する社会の必然を緩めることができるだろうし、それどころかさらに、破ることさえできるだろう。「それを逃れうるという意識を伴いつつ覚えられるこの必然の感情こそ、彼が責務（拘束）と呼んでいるものにほかならなぬ」。したがって、責務とは、必然に対して、あたかも習慣が自然に対するのと同様の関係にある。(3)

個人が日常生活を営む上で指針となるのは、社会である。軌道はあらかじめ社会の手で敷かれている。責務は、ほとんど、自動的に遂行されていく。もちろん、責務は自然に果たされると言っても、責務の遂行に抵抗を覚える場合ももちろん出て来る。責務が意識されるのは、すなわち我々が義務感を感じるのは、このように責務の遂行に抵抗を覚えたり、躊躇するときである。しかし、これは例外的な場合である。したがって、「われわれが責務を、特にそれの本質や起源を説明しようとする場合、義務の遵守とは何よりもまず、我慢する努力、ある種の緊張状態、あるいは収縮状態だと言おうとするなら、それは心理学上の誤謬を犯す」もとになる。「責務の感情は、平静で、むしろ傾向性に類した状態なのに」、カント派の哲学者たちは、そうした習慣的傾向性を、「反対しうるものを打ち砕くための、時として激しい動揺と混同した」とベルクソンは、リュウマチの発作の例を引いて、批判する。健康な身体の運動状態を、リュウマチの麻痺とこわばりから来る身体器官の抵抗を押しのけ克服する努力によって定義するならば、本末転倒であろう。そのような身体運動の定義は、病的な身体運動の定義であって、健康な身体運動の定義ではない。「身体を動かす能力をリュウマチ性の硬直に対する抵抗の努力と定義する」ことはできない(4)。ベルクソンのカント派に対する批判は、義務に従うことは、習慣化した自然な状態であって、カント派の考え方は、そのような自然な状態にある義務への服従に、たまたま何らかの理由で我々が逆らった場合、その習慣的自然からの逸脱を正し矯正するために我々の取る努力を、実体化して、責務として定義しているという非難である。リュウマチでこわばった体を動かす状態を一般化して、健康な運動能力を、こわばりの克服の努力として定義するようなものである。

哲学者が責務を合理的要素に解消できると思っている場合、彼らの考えているのも、この種のこわばりである。理性によって障害や抵抗が取り除かれ、責務の習慣性から来る傾向性が元通りに復するという事実を捉えて、彼らは、理性が責務を形成すると、間違って理解しているのである。「抵抗に抵抗するためには、すなわち欲望や激情や利害への関心によって正道から外れそうになる場合、われわれがなおも正道に踏みとどまりえんがためには、われわれはその理由を自分自身に言い聞かせなければならぬ。(中略)つまり知性を持った存在は、自分自身に働きかけるときすら、知性を仲介するのである。しかも、責務へ戻るには合理の道を通るほかはないとしても、責務がはじめから理性的秩序のものだったということにはならない」[5]。理性的方法とは、初めから存在した傾向性としての責務の全体への服従に、力を貸し与えるとともに、これに反対するものに打ち克つためにも、理性を備えた存在が使う方法である。責務の本質と理性の欲求とは、どこまでも区別されなければならない。責務は、責務のひとつひとつがそれ以外の責務の集塊をその背後に引きずって、習慣の形で意志へのしかかってくるのである。ベルクソンはカントの定言命法についておもしろいことを言っている。いつもは本能によって働いている働き蟻に、あるとき一瞬だけ反省的思考の微光が射したとしよう。そうして、彼の小さな頭に、他の蟻たちのために働きづめに働くなんて何ともばかげたことだ、という考えが浮かんだとしよう。この考えは、ほんの数瞬間の、知性の光に照らされている間しか続かないだろう。本能が蟻を無理やり再び労働に引きずり込もうとする最後の瞬間、本能のうちに再び飲み込まれようとする知性は「せねばならぬからせねばならぬ」と言うだろう。ベルクソンの理解では、この「せねばならぬからせねばならぬ」というのがカントの定言命法に他ならない[6]。

第二節　閉じた社会と仮構機能としての静的宗教

ところで、知性とは、道具を作り、道具を媒介して、生命が物質に対して働く仕方である。すなわち、本能と違って、対象に対して直接的ではない。距離を介して、物質に働きかける。働きかける対象に対して距離を取る。対象に直接密着していないがゆえに、知性は、本来の対象である物質から、言語の運動性に励まされて[7]、自分自身を対象とするようになる。いわゆる反省作用を行うようになる。反省作用とともに、自分のことを多く考えるようになり、自分にかまけるようになる。言い換えると、知性は、社会よりも個体を、自分を重視するようになる。知性を持った人間を構成員とする社会では、必然的に、昆虫社会の本能的必然的な結合力は緩み、破れていく傾向が強くなる。社会の凝集力を弱める知性の働きに対抗するために、生命は、仮構機能という想像力に基づく、宗教を生み出す。宗教とは、知性が社会にもたらす破壊の危険に対処するために、生命が、自然が、発明したものである。これがベルクソンが静的宗教と呼ぶ宗教の定義である。静的宗教は、本来的に、本能に基づく社会に本質的な、一つの共同体の防衛という性格を持つ。その意味で閉じられた、静的な宗教である。静的であるというのは、自然の状態での生命の進化において、物質の抵抗を可能な限り克服した生命が、到達できる限りの地点に達して、今、足踏みし、停滞状態にあることを意味するからである。人間種以外には、昆虫を含め、生命と物質の関係によって規定された必然を、破棄して、さらに前進し、自然の進化を延長する可能性はない。したがって、自然の進化の結果到達して形成される本能的社会とその知的変形である人間社会は、もはや、動かず、とどまっている。その停滞社会を、維持し守ろうとするのが、仮構機能としての宗教であるから、静的宗教と言われるのである。

これらのことをもう少し詳しく見てみよう。

生命進化の過程をたどっていくと、分岐していく二本の進化の系列があり、それぞれは行き着いた先端で社会を作っている。その一つは本能型の社会であり、蜜蜂や蟻などの膜翅類の作る社会で、「一個の蜂巣に属しているおびただしい蜜蜂を結び合わせている紐帯は、何と言っても、一個の有機体の細胞全体を互角、従属の関係で秩序づけつつそれらを一つにまとめている紐帯に著しく酷似している[8]」。もう一つは、個体の選択にある程度の自由が許されている社会である。「この場合、自然は、他方の社会で本能の社会が収めている成果に、規則性の点で匹敵できる成果を、こちらでは知性が手に入れられるよう手配したであろう。――つまり自然は、当然、習慣に頼ることになったろう[9]」。

ベルクソンが『創造的進化』ですでに論じたように、知性と本能という意識の両形態は、始原状態においては互いに浸透し合っていたが、発展の途上で二つに分かれた。この発展は動物進化の二つの主要線に沿って行われ、節足動物と脊椎動物が現れた。前者の先端には昆虫類、特に膜翅類の本能があり、後者の先端には、人間の知性がある。本能も知性も、その本質は、道具を使うことである。ただ知性の場合は、道具は発明されたものであり、したがって、変化しうるものであり、しかもその変化は予測できないのに対して、本能においては、自然が提供した器官がそのまま道具であり、したがって、不変である。ところで、道具は仕事のためにあり、また、仕事は分業すればするほどその能率が上がるから、「社会を形成する生活は、本能のうちにも知性のうちにも漠然たる理想の形で宿っている。この理想のもっとも完全な実現が、一方では蜂巣や蟻塚に見られ，他方では大小さまざまな人間社会に見られるわけである」[10]。社会は一個の有機体をなす。つまり社会とは、要素間相互の協調や従属関係を意味する。社会は、規則ないしは法によって統制された一つの全体である。蟻や蜂の社会においては、規則の一つ一つが自然から押し付けられた必然であるのに対して、人間社会では、さまざまの個々の責務の根にまで掘り下げていくに従って、責務は必然性を帯びてき、ますます一層本能に近づいてくる。知性的社会の対応物として、本能的社会を考えなければならない。こうして、責務は、生命現象一般と結び付くことになる。「すなわち、ある目的を実現するために、生命が知性を選択、したがってまた自由を求める場合、生命の国で必然がとる形が、つまり責務である」[11]。

しかし、このような社会は、原始ないしは未開の人間社会であって文明社会には当てはまらないのではないか。そうではない。間違ったラマルク流の獲得形質遺伝説を信じない限り、文明人と未開人との違いはその本性にはない[12]。違いは、前者における知識と習慣との巨大な集積による。そのような知識や習慣は、社会環境のうちに蓄えられているのであって、人間本性のうちにではない。そのような集積を取り払うと、素地はほとんど変わることなく残っている。実際、文明社会も、未開社会と同じく、閉じた社会である。すなわち、規模は、格段に大きくなったとしても、文明社会も、「一定数の個人を包容するだけで、他の個人を締め出すことを本領としている点に変わりはない[13]」。社会的義務の根底に認められた社会的本能は、どれほど広大な社会であるにせよ、依然として一個の閉じた社会を目指している。本能そのものは人類を目標とするものではない。家族愛と祖国愛は連続しうるが、人類愛は本質的に異なる。祖国愛は、社会が他の社会に対して自衛する必要に基づいている。家族から国民を経て連続的に人類へ達することはできない。人類に達するためには、人類を目標とせず人類を越えるしかない。「なぜなら、宗教が人類を愛せよと呼びかけるのは、ひとり神を通して、神においてだけである。同様にまた、哲学者たちが人間人格の至上の尊敬、つまり尊敬に対する万人の権利を教えるために人類に注視させるのも、ただ我々すべてが共有する理性においてだけなのだ。（中略）愛であろうと尊敬であろうと、社会の圧力の上に、この圧力とは別な道徳、違った種類の義務が重ねられるのである[14]」。

責務によって結合され組織されている閉じた社会で、すなわち、一定の数の限定された成員の安全を確保し他を排除する限りにおいて知的といえども本能にかたどって作られた社会で、機能している宗教を、ベルクソンは「静的宗教」と特徴づける。宗教を概括してベルクソンは次のように嘆く。「様々な宗教の過去を見わたし、またあいも変わらぬ宗教の現状を眺めやるとき、その光景たるや、人間知性にとって、まことにこれにまさる不面目はない。なんたる迷妄の織りなした組織であろう[15]」。しかしながら、ベルクソンの結論は、この迷妄の織物である宗教が知性的存在である人間社会にとって必然的な産物であるという、意外なものである。

すでに見たように、社会的なものは、生命の根底に初めから存在する。その社会的なものが、本能に沿っては発達するか、知性に沿って発達するかによって、異なった形態を取るようになる。したがって、人間社会を研究するにあたって、他方の極である昆虫の社会を絶えず参照しなければならない。これがベルクソンの基本的な考えである。個々の有機体がすでにそれ自体社会の一種と見られる本能的な社会では、そのような個体はいつでも全体の犠牲となることができるのでなければならない。自然の関心は個体よりも社会にある。人間の場合は同じではない。新しいものを創り出していく努力を種ではなくて個体が続けていく道が、人類においては許された。こうした創造的個体には、知性とともに物事を始める能力や独立や自由が属している。ところで、知性が何らかの仕方で社会の結束を破ろうとするとき、社会が存続するために、知性に対抗するために取りうる手段は、知性と相補的な本能的なものでしかありえない。正確には、知性の周辺にまだ残っている本能の名残に、本能と同じ効果を挙げさせるしかない。「この本能の名残は、直接働くことはできない。だが、知性の働きは、もともと表象に加えられるものなのだから、かの本能の残余も、現実の表象に対抗できる『虚像』を呼び起こし、ほかならぬ知性そのものを手だてに使いながら知性の作業を挫く仕事ならやりおおせよう、――仮構機能というものは、こういうふうに説明できる[16]」。

「われわれの持っている心の構造も、もとは個体と社会の生命を保持し、発展させる必要から決まっているに違いない[17]」と考えるベルクソンにとって、想像力とは何よりも、この宗教において働く仮構機能を意味する。このような心的機能の発生的理解は、『創造的進化』における知性の生命論的役割にも見られる通り、ベルクソン哲学の特徴をなしている。文学や芸術における想像力は、この根本的な宗教の仮構機能から派生したものに過ぎない。仮構の存在理由は、宗教である。社会が精神のこの活動を必要としたのである。仮構は、とりわけ知的な能力である判断や推理に逆らうことのできるものである。ベルクソンが言うには、自然は知性的存在を作った後、知性の将来を危うくしないで、しかも、知性の働きから生じる危険を予防しようとした。個人にとっても社会にとっても危険な傾向を、その発端で引き止めるために、事実と見まがうもの、すなわち事実の幻を利用したのである[18]。したがって、知性的な存在こそが、その本性上、迷信的である。知性を欠いた生物では、間違いなく本能が引き受けていた役割を、この種の仮構が果たすのである。

第三節　開かれた社会と人類愛に基づく動的宗教

これまでのベルクソンの努力は、道徳をその最も単純な発現形態において捉えようとするところにあった。その結果、道徳を非常に狭く捉えてきたことは否めない。今度は、完全な道徳とは何かを考えて、これまでの下への極限ではなくて、上への極限において道徳を考えようとする。そこで、ベルクソンが提示するのが、人類愛に基づく開かれた社会と、その社会の宗教である開かれた宗教である。

現実の人間社会は、もう一つの、自然的本能的社会とは異質な要素を持っている。それは、種に基づくのではなくて、自然の進化が終わったところで始まる、天才的個人に基づく要素である。その要素とは、一言で言えば、人類愛であり、博愛である。道徳的宗教的天才が、閉じた本能的社会の、家族愛、祖国愛などの、特定の限られた集団内でのみ有効な愛に対して、すべての生命体にまで当てはまる博愛・人類愛という感情を発明した。この発明によって、人類だけが、自然の本能的で集団の自己防衛に根ざす、限定された愛に基づく閉じられた社会と宗教の枠を破って、自然の達成することのできなかった進化を、続けることができたのである。

責務や義務という強制と圧迫に基づく本能的で閉じた社会の結合態とは異なって、人類愛・博愛に基づく社会は、その結合力を、道徳的天才に対する憧れと模倣に基づいている。閉じた社会の本能的力が、自然の産物であるのに対して、博愛は、天才の発明である。どうして、個人の発明が、自然の進化をさらに推し進め継続すると、ベルクソンは言うのだろうか。実は、本能の強制力・圧迫も、また、博愛の引力・魅力も、どちらも生命にその源を持っているからである。責務の底を洗うと、生命の本能としての有機的結合力が見出される。さらに、その社会的本能の底深く、生命の源にまで、進化の原動力にまで触れる能力のある天才は、生命を、宇宙創造としての愛にまで遡るである。すなわち、意志において、部分的にもしろ、神と直接一致した神秘的経験を持つ神秘的宗教家は、愛そのものに他ならない神に触れて、生命の源である神・愛から、人類愛・博愛の感情を獲得したのである。したがって、本能的結合が神の愛によって創造された宇宙的生命の結果であるならば、人類愛は、その生命の源、言い換えれば、物質的性質を持つ前の純粋な生命の本質そのものである。人類愛は、自然のくびきから脱して、さらに前進する人間の創造的な力が、自然の創造力を引き伸ばし、延長し、さらに展開するがゆえに、博愛に基づく宗教は、動的宗教である。人類愛に基づく社会は、もはや他の集団を排除し自分の集団を防衛するだけの閉じた社会ではありえない。それは、開かれた社会である。

現実の人間社会は、本能的結力の代替物である責務・義務の閉じた社会原理と、博愛・人類愛に基づく開かれた社会の原理との両方の力の合力として形成されている。正義の概念において、責務と人類愛との二つの形態の原理が重なり合っているさまが特にはっきりしているので、この概念についてのベルクソンの分析を通して[19]、これまで道徳について述べてきたことを、振り返ることにする。

正義は、平等、比例、代償といった観念を呼び起こす。正義はかつて天秤によって表現された。二つの物を量ることの謂《いい》である。公平は、等しさを表す。正義の概念を正確に表現することは、物々交換の際にすでに必要であった。交換の際の、価値の等しさが確立され規則となり、また、この規則が集団の慣行のうちに入り込み、この上に「責務の全体」が重ねられるようになれば、そこには、命令的性格を持った正義が見られる。そして、それには平等と相互性の観念が結び付いている。

正義の観念は、事物の交換だけではなくて、徐々に人間関係にまで及んでくる。その場合、正義とは、さまざまな自然的衝動を、物の場合と同様に自然な、相互性の観念を持ち込むことによって規制することに他ならない。例えば、自分が原因となって起こる相手の損害と等しい自分の損害の予期という相互性の観念によって自分を規制することに他ならない。原始社会における加害行為に対する加害の交換としての復讐においては、交換や相互性の観念のうちに含まれている代償の観念がはっきりとした形で取り出されていると、ベルクソンは言う[20]。社会が正義を行う場合、社会は加害の重大さに応じて罰を決める。目には目を歯に歯を。しかし、量と同じく質もまた考慮に入れられなければならない。同量報復の掟は、同格の階級内部でしか通用しない。そこで、同等の観念に、相対性を加味され、一種の比例関係を含むようになる。こうして、正義は、文明が著しく進んで、治者と被治者との関係にまで及び、さらに一般的に、さまざまに違った社会階層にまで広がったとしても、その定式はたいして変わらないだろう。正義は、量り、比率を定める。

この種の正義はその起源が、商業活動にあることを示している。この正義から、交換も労役も含まぬ正義へとどのように移行するのだろうか。すなわち、それは、個人の侵すべからざる人権への、他の一切の価値と不可通約性の表明として人格への正義概念の移行であり、相対的正義から絶対的正義への移行である。

古代の相対的正義と、今日我々が手にしている絶対的正義、人権の正義との隔たりは大きい。後者の正義は、もはや相互の釣り合いや共通の尺度ではなくて、逆に、不可通約性、もしくは、絶対の観念である。相対的正義から、この絶対的正義への移行は、創造に基づく。というのも、絶対の正義は、社会の魂を、自分自身の内部ですでに拡張して開かれた魂とすることに成功した選ばれた魂が、閉じた円を破り、社会を自分たちの後に従わせるのでない限り、不可能であるからである。それこそまさに、芸術家の創造の奇跡そのものと同じと言える。初めは人々にショックを与えた作品がついに成功を勝ち得る場合、この成功は公衆の趣味の変化によるのであるが、しかし、この変化を引き起こしたのは他ならぬ当の作品である。芸術家の作品は、具体的な内容であると同時に、それ自体、働く力でもある。作品が躍動を、感動を人々の心に刻印したのであるが、この感動はもともと芸術家が作品に伝えたものである。というよりも、作品のうちに現前していた芸術家の感動そのものである。道徳的革新についても同じことが言える。正義の内容とともに、正義の本質も変わるのである。権利の平等と人格の不可侵とを含意する普遍的人類愛の観念が現実の力を持つためにはキリスト教の出現を待たなければならなかった。確かに、人間の権利がアメリカの清教徒たちによって、続いてフランス革命によって宣言されるまで、一八世紀が流れ去ったが、その活動は、福音書の教えと同時に始まったというのがベルクソンの考えである。(21)

注

(1) アンリ・ベルクソン著／澤瀉久敬編／森口美都男訳『道徳と宗教の二つの源泉』〈世界の名著〉六四、一九九三年、中央公論社。
(2) 同書、第一章、「道徳的責務」「社会の秩序と自然の秩序」二一九—二二四頁。
(3) 同書、同章、「社会のうちの個人」二二四—二二七頁。
(4) 同書、同章、「抵抗への抵抗」二三一—二三六頁。
(5) 同書、同章、「抵抗への抵抗」二三三頁。
(6) 同書、同章、「定言命法について」二三六—二三八頁。
(7) Henri Bergson, *Œuvres*, Presses Universitaires de France, 1963, p.629.
(8) ベルクソン著『道徳と宗教の二つの源泉』前掲書、二三八頁。
(9) 同上。
(10) 同書、二三九頁。
(11) 同書、二四一頁。
(12) 同書、三一五頁。
(13) 同書、二四二頁。
(14) 同書、二四四—二四五頁。
(15) 同書、三一四頁。
(16) 同書、三三三頁。

(17) 同書、三三〇頁。
(18) 同書、三三一頁。
(19) 同書、二八一―二九三頁。
(20) 同書、二八二頁。
(21) 同書、二九〇頁。

第4章　タルド
——社会と模倣——

ガブリエル・タルド（一八四三—一九〇四）は一九世紀後半に活躍したフランスの社会学者である——社会学者といっても、物理学、生物学、天文学から経済学、心理学、哲学などあらゆる分野に彼の興味は注がれるのだが、ここでは科学としての社会学を独自に創設しようとした個性的な社会学者としてのタルドを取り上げたい。タルドの生きた時代は、社会学の創設期にあたり、また大衆社会の成立期でもあった。先の見えない変革の時代における彼の創造的努力の所産は、現代においてもなお新鮮な魅力を帯び、また異彩を放っているといえよう。

第一節　新しいモナドロジー

1　モナドロジー的世界観

タルド独特の思想、いわばモナドロジー的世界観を基礎として、社会学を含むあらゆる科学が成立する。モナドロジーといってもライプニッツのそれをそのまま借りてきたわけではない。ここには独自の変更が施されている。主に『モナドロジーと社会学』を参照しながら、タルドの世界観がどのようなものだったのか確認しよう。

ライプニッツの仮説、モナドロジーは、「物質と精神という二存在の一つの存在への還元」と「世界のまったき精神的な作用体（agent）の驚くべき多数化」を前提とする。また「諸要素の不連続性とそれらの存在の同質性」を想定する（MS33）。この仮説は宇宙のあらゆるものに適用される。そしてライプニッツあるいはニュートン以降の科学における進歩は、この仮説の正当性を暗示し、あるいは裏づけてきたとタルドはいう。例えば、化学の進歩は、アトムという唯一の実体を発見し、物質の連続性を否定するに至る。生物学はあらゆる生物が細胞によって構成されていることを証明する。もちろんこれらの発見によって科学の進歩が止まるわけではない。アトムも細胞もさらに小さなものへと還元されうることは明白であり、このような還元の連鎖は原則として終わることがない。したがって、必然的に「無限小（infinitésimal）」としてのモナドへの還元が、あらゆる科学において想定される。「いかなるものも有限（fini）の領域、複合体の領域で、突然現れたり消えたりしない。無限に小さいもの、言い換えれば要素（élément）が、あらゆるものの源、目的、実体、根拠であるという以外の結論はありえない」（MS39）。全てがそこから生まれ、そこに帰っていくようなモナドを想定しなければならない。

それではタルドにとって、無限小としての要素あるいはモナドとはいかなるものか。あらゆるものがそこへと還元されるような唯一の実体とはいかなるものか。第一に、それはライプニッツの精神主義（spiritualisme）を受け継ぐものでなければならない。唯一容認されるのは、「物質は精神の一部である」という「物心同形論（psychomorphisme）」的テーゼである。このような前提のもとでのみ、無限小が想定可能なものとなるのであり、「外的宇宙全体が、われわれの魂そのものではないとしても、実際それと類似する魂から構成されている」ということができるようになる（MS43-44）。第二に、無限小とは、精神的、非物理的なものであると同時に量的なものとして想定されなければならない。つまり、モナドは、あらゆる科学的な試みに対して、計算、計測可能性を保証する基盤を提供しなければならない。これら二つの条件のもとで、ライプニッツのモナドロジーの枠組みを継承しつつも、部分的な、しかし根本的で大胆な修正が施される。

2 信念と欲望

タルドは「物心同形論」と「科学的量」の条件を満たす「精神的量」を提示する。これは「二つの魂の状態」もしくは「二つの魂の力」としての「信念(croyance)」と「欲望(désir)」である。それでは信念あるいは欲望とはいかなるものか。この厄介な問題を考察しよう。

「それらの逸脱自体もまた計測可能であるような運動の純粋に量的な変化と、色や匂い、味や音が問題である感覚の純粋に質的な変化との間のコントラストは、われわれの精神にとって非常に衝撃的である」(MS45)。このようにタルドは運動の量的な計測可能性と感覚の質的な計測不可能性を対比する。そして前者の計測可能性に基づいて、信念と欲望による「宇宙の精神化」を試みる。つまり宇宙の精神的量を見出す。あらゆる質が量化されよう。したがって感覚的質と運動的量の間の断絶がどれほど深いものであろうと、それらのつながりが絶たれているわけではない。「私は、真の科学すべてが、無数の無限小の要素的反復からなる固有の領域に帰着するといったが、これは、あたかも、それら真の科学すべてが、それらにとって特殊な質に基づいているというようなものなのである」(LSS57)。

それではこのつながりはいかにして可能であろうか。質と量あるいは質と力の関係を問題にしなければならない。「われわれは、馬が遠くに見える(voir)といい、注視する(regarder)とはいわない。画家がよく知っているように、われわれは判断しているのであり、実のところ、推察しているのである。馬を見ること(vue)とは、すなわち網膜の印象に対してなされる本能的割り当てであり、可能性の割り当て、われわれが馬へと結びつける触覚、嗅覚、味覚といった諸感覚の条件的確実性の割り当てである。つまり局所化(localization)という判断であり、他の諸印象との同時的共存からなる判断であり、馬という言葉の出現を保証する分類の判断、最後に、これから生じることを漠然と予期させ、印象に今さっき先行したものを思い出させるような因果性の判断である。感覚が正確であると見なされるにしたがって、判断は増殖し、より鋭敏な信の対象となる」（CD151-152）。あらゆる感覚的質から「高度に客観的」な信念や欲望が引き出されることがわかる。ここにおいて質と量のつながりは明らかである。

したがって次のようにいうことができる。「なぜ、感覚は質という類の単なる一つの種と見なされてはいけないのだろうか。なぜ、われわれの外に、決して感覚に訴えない質を規定する印、また、信念と呼ばれる静的な力と欲望と呼ばれる動的な力、とりわけ心的諸力への適用点として役立ちうる印が存在することを認めてはいけないのだろうか。この真理についての、漠然としているけれども本能的な感情（sentiment）によって、人は、欲望をモデルにして、力の観念を工夫して作り上げたのであり、その欲望に宇宙の謎を解く鍵を探すのである。ショーペンハウアーは、ほとんど真の名、意志とそれを名づけることにおいて、この（力という）概念の仮面を剥ぎ取った。しかしながら、意志とは信（foi）と欲望の組み合わせである……」（MS47-48）。信念と欲望とは「いかなる感覚的兆候にもほぼ無差別に行われる精神的仕上げの所産」（LSS56）であり、科学的量であると同時に、質的なものとの不断の交渉を根拠づけるある種の痕跡でもある。

次に信念と欲望がどのような役割を担っているのかを問題にしよう。「人間あるいは動物のあらゆる心理学的現象における信念と欲望の存在の普遍性によって、信じることや欲望することの最小限の傾向から確信や情念に至るまでの、つまり無限の梯子の端から端に至る、信念と欲望の性質の均質性によって、最後に、それらの相互浸透や、これに劣らず際立った別の類似点によって、信念と欲望は、諸感覚に対して、自我のうちで役割を果たすのであり、この役割はちょうど、空間と時間が、物質的諸要素に対して、自我の外で果たす役割と同じものである」（MS45）。さしあたって次のようなことがわかるだろう。精神的量としての信念と欲望は、普遍性、均質性を有し、互いに浸透し合い、類似する。そしてこれらの特徴によって、外的な物質的諸要素に対して、空間と時間が果たす役割と類比される役割を、信念と欲望が、果たすのではないかということである。

さらにタルドは続ける。「この類比がある同一性を包含していないかどうか、空間と時間が、単に感性(sensibilité)の形式である代わりに、……ひょっとして原初的概念、あるいは持続的であり、独自の準‐感覚ではないかどうか検討すべきである。それら原初的概念、準‐感覚を通じて、あらゆる判断、したがってあらゆる概念の共通の源泉としての、信じることあるいは欲望することというわれわれの能力のおかげで、われわれとは異なる心的作用体である信念と欲望の程度と様態が、われわれに対して翻訳されるのである。この仮説において、物体の運動は、モナドによって形成された判断や企図の一種でしかない」(MS45-46)。空間と時間は、原初的概念と準‐感覚と同一視される。信念と欲望とは、空間と時間の別の言葉による表現でしかない。そしてここで、あらゆるものが、物体の運動さえもが、信念と欲望の普遍性のもとで、理解され、計測可能なものとなる。細胞が分裂するとき、りんごが落下するとき、いつでも信念と欲望は見出される。知性や意識が問題となっているわけではない。また擬人化がなされているわけでもない。

3　窓のあるモナド

「新しいモナドロジー(monadologie renouvelée)」は、ライプニッツの想定する「窓のない」モナドを否認する。科学的量としての信念と欲望というモナドは、反復され、伝播し、相互浸透し、類似しなければならない。また集合し秩序づけられなければならない。そのためモナドが互いに独立し、何ものにも影響を与えないというのは不可能である。「互いに外的である代わりに、相互に浸透し合う開かれたモナド(monades ouvertes)を理解することにおいて、それらを解決することを期待できるのか。私はそう信じている。この側面によって、現代だけではなく近代の科学の諸発展が、新しいモナドロジーの開花に手を貸すのである」(MS56)。

そしてこの「窓のあるモナド」に関して次のようにいうことができる。長くなるが引用しよう。「実をいうと、……ニュートンの法則によって必然的に示唆される、この視点の発展の結果、アトムはアトムであることをやめる。それは普遍的場(milieu universel)であり、もしくはそうなることを熱望している。それは彼のものである宇宙(univers à soi)である。ライプニッツがそう望んだように、それはミクロコスモスであるだけでなく、たった一つの存在によって支配され吸収されたコスモス全体である。こうしていわば超自然的空間が、実在の諸空間や要素的領域に変わり、唯一の時間という空虚な実体を、多様な諸現実、要素的欲望に変わるのなら、最終的な単純化として残るのは、自然法則、諸現象の類似性や反復、似かよった現象の多数化(物理的波動、生物細胞、社会的複製)を、一定の諸モナドの勝利によって説明することだけなのである……」(MS57)。

神もしたがって予定調和もない、新しいモナドロジーについて見てきた。タルドの科学に対する思想的な基盤がここにある。科学は計算可能な量と反復様式を必要とするが、信念と欲望という開かれたモナドは、無限小の要素であると同時に力、つまり作用体であると同時に作用であるため、あらゆる科学の一元的な構成要素であることができる。もちろん社会学も例外ではない。それでは、他の科学に対して、問題の社会学がどのように関係し、位置づけられるのだろうか。

第二節　普遍社会学

1　普遍社会学

新しいモナドロジーの仮説によって、社会学に特権的な地位が与えられる。「しかしこのことから、まず、あらゆるものは一つの社会であり、あらゆる現象は社会的事象であるということが想定される」。「あらゆる科学は社会学の分枝となるよう宿命づけられている」（MS58）。では、いかにしてタルドがこのように宣言することができたのか検討していこう。

しばしば社会は有機体と類比される。しかしこれは社会のうちに有機体を見るということではない。「反対に、細胞理論以後、有機体が独自の性質を帯びる社会となった」ということを意味するのでなければならない（MS58）。有機体の研究の進展とともに、有機体が、排他的な都市や厳格な宗教的会衆と類似していることがわかるだろう。有機体の特徴、明確な輪郭や秩序立った構成要素は、都市や宗教的会衆の特徴でもある。同様に、物理学、化学など、科学が取り扱う対象すべてが、社会的様相を呈することだろう。「もし、クルノーとともに、市民化の過程において、人間社会が野蛮な、ある種有機的な段階から物理的、機械的段階へと移行することをその上考慮するのであれば」、ほとんど変化することのないように思われる分子もやはり社会ということができる（MS59）。タルドが、このような類比によって、人間社会におけるある種の進歩を表現し、分子さえもが社会であると見なすとき、人間社会のうちに有機体や機械、分子を見出しているわけではない。「有機的」、「物理的」、「機械的」という形容詞はいずれも独特の判断、価値であり、社会学的なものとして考えられるのだ。このような見方、社会学的観点からすれば、例えば、対称性あるいは規則性といった有機体の特徴と、いびつさあるいは流動性といった人間社会の特徴との間の差異は、比較可能な程度の差でしかなくなるだろう。

生ける存在も機械的存在も社会と見なされる。違和感のある、理解しがたい考え方であろう。もちろん分子と社会がまったく別物であることに異論を挟む余地はない。しかしながら、それらは、信念と欲望の観点からすれば、共通性、類似性を有することになる。「実際、（有機的な）第一段階では、詩作、芸術、言語、習俗、法における、創意工夫に富んだ、本能的な発展の一般的事象は、奇妙にも、生（vie）の特徴と振る舞いを思い出させる」

（MS59）。構成する要素間の活発な活動と緊密な連関は、有機体と「有機的」社会の共通する特徴であり、この場合、「有機的」は共有され支配的な信念あるいは欲望を表現する社会的な概念である。もちろん社会が機械的と称される場合も同じようにいえるだろう。このような「社会学的」類比はいかなる対象にも適用される。信念と欲望の観点において、あらゆる事象は「社会的」になるのであり、あらゆる科学が社会学へと包摂されるのである。

当然さまざまな批判があるだろう。しかしタルドは次のようにいう。「私は仮説をつくる（Hypotheses fingo）と私は無邪気にいってしまおう。……普遍社会学的視点は現代の思索的な人々の脳に付きまとう亡霊のうちの一つである。それがどこへとわれわれを導くのか一から検討しよう。無茶な者と見なされる危険を冒して徹底的にやろう。この特殊な分野において、滑稽さへの恐れは、もっとも反哲学的な感情である」（MS65）。

2　所有の哲学

タルドの仮説、普遍社会学について考察してきた。信念と欲望という「開かれたモナド」、科学的かつ精神的な量を想定することによって、それらは可能となる。では「開かれたモナド」はどのようにつながり合うのだろうか。モナドはどのように作用し、反復され、類似し、相互に浸透、混合するのだろうか。世界の変化を問わなければ、普遍社会学を理解したことにはならない。

まずは次のことを確認しておこう。「存在することは、すなわち異なることである」（MS72）。「差異が宇宙のアルファであり、オメガである」（MS73）。宇宙を構成する要素のうちに、何一つとして同じものはない。差異は差異化しようとしているし、変化は変化しようとしている。このような見解のもとでのみモナドロジーは可能である。したがって「あらゆる類似、現象の反復は、程度の差こそあれ、いずれにしろ目立たなくなった要素的な多様性と、この部分的な自己犠牲を通じて獲得される卓抜な多様性との間の必然的な媒介でしかない」（MS73）のである。

しかし要素と力、つまり作用体と作用の多様性や多元性を指摘しただけでは、どのように差異が生み出されるのか、どのように変化は可能なのかという肝心な問題がわからない。そこでまず社会についての定義の一つを見てみよう。「社会とは何か。われわれの視点でこれを定義することができる。つまり、きわめて多様な形態のもとでの、それぞれによるあらゆるものの相互的所有である」（MS85）。ここから、先に引用した「開かれたモナド」についての説明を直ちに思い出すことができよう。モナドは、「彼のものである宇宙」であると同時に、「たった一つの存在によって支配され吸収されたコスモス全体」であった。つまり個々のモナドは宇宙全体を所有しているのである。問題は明確だろう。われわれは「所有」について問わなければならない。

タルドは「存在（Être）の哲学」をやめて、「所有（Avoir）の哲学」へと移ることを提案する。「哲学が所有するという言葉の上に創設されたのであれば、非生産的な討議にせよ、精神の足踏み状態にせよ、避けることができただろうということを認めることができる」（MS86）。彼は、「私は〜である（je suis）」という言葉は、「私のもの（mienne）」以外の何ものも演繹することができず、したがって「外部の実在性の否定」に陥ってしまうと考えているのである。

それでは「所有の哲学」とはいったいどのようなものだろうか。タルドは次のようにいう。「人が自らのうちに見出す、具体的、実質的観念とは、所有物（propriété）である。有名な我思う、故に我ありの代わりに、私はすんで次のようにいう。《私は欲し、私は信じる。それ故私は持っている》、と――〜であるという言葉は、あるときは所有するを、またあるときは等しい（égaler）を意味する」（MS87）。欲望し、信じるから、所有できる。このような原動力なしに所有はありえない。他方、所有することは存在することを含んでもいる。例えば「私の腕は熱い」というとき、腕の熱さは腕の所有物である。「フランス人はヨーロッパ人である」というとき、両者が等しいことを意味している。しかし「等しい」も「所有する」に還元されるだろう。フランス人とはヨーロッパ人という類的なものに対する種的なものである。種は類に含まれ、ある意味所有されるだろう。こうしてÊtre動詞は一般動詞avoirへと還元されるのである。

もちろんここでの所有とは、単に物質や奴隷の所有、一般に考えられるような所有を意味するだけではない。このような形態の所有は、タルドが想定する所有のうちのほんの一部分でしかないだろう。いやむしろ、このような所有とは、所有の特殊な一変種に過ぎないのかもしれない。タルドは次のように所有を考えることによって、ダーウィンやスペンサーがいうような順応や適応といった「あいまい」な概念を批判する。「鳥の翼は空気に、魚のひれは水に適応し、眼は光に適応しているのか。そうではない。機関車が石炭に、ミシンが縫子の糸に適応していないのと同様に。……適応する唯一の方法とは戦うことである！」（MS89）。鳥の翼は空気と戦うことによって、それを「有用化」するのである。この有用化とは「取得」以外の何ものでもないだろう。「あらゆるものは外部の存在に適応することを欲するのではなく、それらを自分のものにしたいのである」（MS89）。欲望し、信じることによって、あらゆるものが、外部の存在の所有を無限に続けていこうとする。そしてこのプロセスは多かれ少なかれ闘いという形式のもとで可能になるのだ。またこうして「所有の哲学」は「外部の実在性」を肯定することができるだろう。

さまざまな所有のあり方が考えられる。「所有は多様な形態のうちで変化するが、無限の強度においても変化する。例えば、星々は、距離の平方に反比例して増減する強度で、互いに所有し合っている」（MS90）。人間の思惟であれば、深い眠りから完全な覚醒に至る強度の幅を持つだろう。他方、「科学そして科学的という名詞および形容詞によって理解されるべきものについての正確で完全な観念を得るために、三つの条件を明確に区別することが重要である」（LSS42）とタルドがいうとき、所有の基本的三形態が提起されているといえよう。そして、これら科学を成立させるための三条件が、反復、対立、順応である。例えば水面を移動する波について考えてみよう。まずそれはある方向に向かって進んでいくだろう（反復）。次に別の波とぶつかり（対立）、すぐに新しい波が形成される（順応）。これに類似した現象はあらゆる領域、次元で観察することができる。そしてこれら三条件は、互いに重なり合いながら、それでもなお区別することができる所有の三形式に他ならない。簡潔にいえば、反復はほぼ無変化な所有の連鎖であり、対立は所有するための努力であり、順応は新たなものの所有である。

ここまで見てきたように、所有について考える場合、何を、どれだけ、どのように、どの程度の強さで持っているかということを問うことができるだろう。そしてこれら特徴によって規定される無限に多様な所有が、モナド間のつながり、つまりは宇宙の変化を説明するのだ。こうしてタルドの仮説における構成要素と変動要因がともに説明されたことになろう。

第三節　人間社会

1　模倣

もちろん普遍社会学の仮説は人間社会にも適応される。しかし人間社会はそれ固有の特徴を持っている。例として、模倣、闘争、発明が、それぞれ反復、対立、順応に対応することが挙げられる。これら独自の所有形式によって人間社会は形成されるのであり、また維持、変形される。特に、反復様式としての模倣がなければ、何ものも伝達、共有されないのであり、したがって社会的なものは何もなくなってしまうだろう。われわれは個性的な人間社会を他の領域から切り離して考察しなければならない。「社会」には二重の意味が含まれているのであり、人間が形成する社会とは、いわば特殊な社会なのだ。ここからは、主に『模倣の法則』を参考に、この特殊な社会について簡単に考察しよう。

まずは模倣について考える。「この主体と、それ自身も主体である客体との関係は、知覚されるものといかなる類似性も持たない知覚であり、したがってまた知覚されるものの実在性を疑わしいものとする観念論的懐疑説をゆるさない知覚であり、感覚するものの感覚、意欲するものの意志であり、信じるものへの信念、一人格への信念、また知覚する人がそこに反映し、自己を否定せずにはこれをも否定しえないような一つの言葉への信念なのである。この意識の意識こそ、デカルトが探求し、個人的自我には求めえなかった『揺るぎないもの（inconcussum quid）』である」（LSS55-56）。模倣は、他者の意識が同時に自らの意識でもあるような関係、すなわち「意識の意識」の関係において理解される。意識は過不足なく伝達される。ここでも外部の実在性を肯定する「所有の哲学」が見出されよう。意識的活動としての模倣に対してさえも、自己の存在や自我といったものが特別視されることはない。

それでは、模倣によって伝達あるいは共有される要素、信念と欲望にはどのような特徴があるのか。「発明されるもの、もしくは模倣されるもの、それは常に一つの観念であり、もしくは一つの意欲である。一つの判断であるもしくは企図である。そしてここには一定量の信念と欲望とが表現されているのである。これは実に、一つの言語の各単語、一つの宗教の祈祷、一つの国家の行政、一つの法典の条文、一つの道徳の義務、一つの産業の仕事、一つの技術の方法の全魂である。信念と欲望、したがってここに本質と力がある。同様に二つの心理学的量がある。分析によって、あらゆる感覚的質の奥底にそれを見出すのである。そして心理学的量はこの感覚的質と結合されている。そして発明、次いで模倣が、それをとらえてこれを組織化し、利用しようとすると、それらは同様に社会学的量となるのである」（LI204-205）。観念、欲求、意志、判断、感情など、さまざまなものが信念と欲望の混合物として想定されるのであり、それらは言葉から芸術まであらゆる形態、表象において現れる。またそれらは、先に指摘したように、「感覚的質」と結びつきながらも、個的には「心理学的量」として、集団的には「社会学的量」として、つまり科学的量として、計測、観察可能なものである。さらにこれら社会学的量は人間の頭脳に由来することを指摘することができる。つまり観念にせよ判断にせよ、言葉にせよ技術にせよ、それらは、物理学的、生物学的現象とは異なり、脳の力を源泉とする。信念と欲望そのものがいわば裸のまま現れる。したがって社会学は、「頭脳間の心理学」（LSS55）として、人間同士の知性的、意識的な関係を特権的に扱うのである。

2　夢遊病的

他方、「社会的共通の紐帯」である模倣は独自の強度を有する。つまり「暗示された幻覚を伴う強度」（LS133）である。「社会的状態は、催眠的状態と同様、夢の一形式に他ならない。偽りの夢であり、作動中の夢である。暗示された観念を所有するに過ぎないが、それを自発的なものだと信じること、それはすなわち夢遊病者に固有の錯覚であり、同様に社会的人間にとっても固有の錯覚である」（LI137）。われわれは、自らの発言やしぐさが誰かの真似であったとしても、いちいちそれを省みたりはしない。そんなことにはかまっていられないし、たいした問題でないことが多い。しかしながら実際にはあらゆる人間の行動が何らかの模倣を起源としていると考えることもできる。そして模倣における錯覚をともなう「自惚れ」た態度は、夢遊病あるいは催眠と共通しているのである。

例えば次のようなことは容易に想像されるだろう。「自発的に思考するのは、他人の心を通して思考するよりも、常に一層疲労するものである。故に誰でもある繁華な環境、強力で変化のある環境に入り、その社会からさまざまな光景や奏楽や常に新しい会話や講義を聞かされ見せられるときには、彼は必ず、漸次そのあらゆる知的努力を消耗し尽くしてしまう。そして彼の精神は、だんだん麻痺し過度の刺激にあって、繰り返し言うようだが、夢遊病者になるのである」（LI143）。疲労、怠惰、諦め、あるいは賞讃、愛着、興奮など、さまざまな気分や感情の揺れ動きによって模倣はなされる。これらは総じて多かれ少なかれ「夢遊病的」状態を惹き起こすのであり、いわば人間の内部に潜む催眠師のさながらの役割を果たす。そしてこの精神病理に比すべき心的状態が、社会を維持するための強度なのであり、模倣による社会的所有を可能にするのである。このように考えると、人間社会は、何ら契約的なものではなく、さまざまな勘違いや混同、取り違えのようなものによって形成されていることがわかるだろう。

3 社 会

社会とは何かについて最後にもう一度問うことにしよう。「社会とは、程度の差こそあれ、常に、ひとつの連合(association)である。そして連合の社会性すなわち模倣性に対する関係は、いわば、組織の生命力に対する、もしくは分子の構造のエーテルの弾力性に対する関係のようなものである」(LII30)。信念と欲望の一致や共有。このように「社会性」や「模倣性」を理解することができる。そしてこれらの連合/組み合わせによって、社会全体というものがおぼろげにも想定されるのである。しかしここにおいて模倣と模倣性は区別されなければならない。模倣性とは社会の単なる「上っ面」の同質性や類似性であるが、他方、模倣とはそれらを生み出していく本質的かつ実質的な要素であり力である。「同質性ではなく異質性が事物の核心である」(LII31)が、その異質性から同質性を生み出していくプロセスあるいは作用が模倣なのである。

そもそもタルドにとって社会とは「相互所有」であった。これは、社会全体が、「たった一つの存在によって支配され吸収」されていることを意味する。つまり平等な人間同士が互いに、自らのやり方でつながり合い、所有し合っているということである。そして模倣という反復作用が社会的な相互所有を可能にする。社会とは同質性を生成する所有の不断のプロセスであり、それゆえ模倣そのものであるといえよう。

「社会とはすなわち模倣であり、模倣とはすなわち一種の夢遊病である」(LII47)。われわれはこの決定的な命題を理解することができるだろう。ある社会が全体として想定される場合、それは一つの連合として、物質や生命と類比される。しかし社会を人間の組織化や集合化の流動的なプロセスと捉える場合、本質的には模倣しか残らない。

「社会的共通の紐帯」あるいは「必然的な媒介」にのみわれわれは社会学的実在性を認める。つまり社会は模倣と同一視されるのである。

おわりに

「新しいモナドロジー」について議論し、それを踏まえた上で、人間社会について簡単に見た。タルドの社会学は独特の生気論、精神主義に基づいている。物質にせよ人間にせよ、あらゆる運動や作用は信念と欲望という無限小のモナドを原動力としている。またこのモナドは、ある種の量として、特殊なエコノミーを形成するのである。ここに「新しいモナドロジー」が見出される。そして、この視点からすれば、物質と人間の間に価値的な差異はない。何もかもが平等である。「君主が大臣や臣下よりも必ずしも賢い」はずがない（MS66）。このような「無邪気な仮説」において普遍社会学を構想すること、また人間社会を位置づけることは、複雑で困難な問題を抱える現代人の目には非常に魅力的に映るであろう。

参考文献

Clark, N.T.（selected papers edited and with an introduction）, Gabriel Tarde on Communication & Social Influence, Chicago: University of Chicago Press, 1969.

Tarde, G., LA LOGIQUE SOCIALE, Les empêcheurs de penser en rond, Institut Synthélabo pour le progrés de la connaissance, Paris: Le Plessis-Robinson, 1999.（本文ではLSと略記）

——, *LES LOIS DE L'IMITATION*, Les empêcheurs de penser en rond, Paris: Seuil, 2001.〔池田祥英・村澤真保呂訳『模倣の法則』河出書房新社、二〇〇七年、風早八十二訳『模倣の法則』而立社、一九二四年（五章までの部分訳）〕（本文ではLIと

略記）
――, LES LOIS SOCIALS, Les empêcheurs de penser en rond, Institut Synthélabo pour le progrés de la connaissance, Paris: Le Plessis-Robinson, 1999.〔小林珍雄訳『社会法則』創元社、一九四三年〕（本文ではLSSと略記）
――, MONADOLOGIE ET SOCIOLOGIE, Les empêcheurs de penser en rond, Institut Synthélabo pour le progrés de la connaissance, Paris: Le Plessis-Robinson, 1999.（本文ではMSと略記）
――, La croyance et le désir: La possibilité de leur mesure, *Revue philosophique*, 10, 150–180, 264–283, 1880.（本文ではCDと略記）
鈴木泉「哲学と社会学の幸福な闘争――タルドという奇跡についての一考察」神戸大学社会学研究会『社会学雑誌』第二〇号、二〇〇三年、九五―一一〇頁。

第Ⅱ部　感情と社会

第1章　承認への欲望と自然権の思想
――ホッブズにおける倫理の基礎――

はじめに

他人から認められたい。他人に自分を認めさせたい。こういう思いとまったく無縁に生きているような人物を見つけ出すことは、一般にはそれほど簡単ではないように思われる。実際、世間を見回してみるならば、他人から認められないこと、軽視されたり無視されたりすることに我慢がならず、ついつい報復的な態度や行動を取ってしまったり、逆に抑鬱状態に陥ってしまったりといった事例は、いたるところに見いだせるのではないだろうか。

そうした他者による認知、承認を求めるごくありふれた欲求や願望を、ここでは一括りに「承認への欲望」と呼んでおくことにしよう。お互いを認め合う関係の中でおのずとそれが満たされている場合には、ひとはあまりその欲望を自らの中に意識することがないのかもしれない。しかし、家族であれ、友人であれ、上司であれ、恋人であれ、とにかく自分を認めて欲しい相手から認められず、結果的に自己肯定感あるいは自尊感情をもつこともできないならば、ごくありきたりに言って順調で幸福な生活を送っていくことはきわめて困難になるのではないだろうか。

逆に、自分を認めてくれる誰かがたとえひとりでもいてくれるなら、それだけで元気に（何とか？）生きていける、ということもまたありうるのではないか。私たちの生にはなぜか、そうした承認への欲望が深く刻みこまれているように思われる。

とすれば、お互いを認め合う関係の中でその欲望を充足し合うことが倫理の基礎だ、と考える思想があっても何ら不思議ではないだろう。以下で試みてみたいのは、今日の基本的人権につながる近代的な自然権の概念を基礎に据えた倫理を初めて構想したと言えるホッブズの道徳哲学を、そのような思想の一例として読み解くことである。

ところで、言うまでもなくホッブズの政治思想は、人間の政治的な結合体すなわち国家の存立根拠を、諸個人が互いの安全や利益を権利の名のもとで合理的に保障し合おうとする契約に求めた、いわゆる社会契約説の近代ヨーロッパにおける嚆矢とされている。そして、その際の前提とされた人間本性論によれば、ひとはもっぱら利己的で孤立した存在であり、自己の生存と安全の確保および自己の力と利益追求への欲望に駆動され、それらの目的の実現のための効率的な手段を理性によって案出しようとする、言わば「合理的利己主義者」と捉えられていた、とする理解が一般的であろう(1)。

しかし、このような理解のもとでは、ホッブズが導出した普遍的倫理としての自然法は、それを採用することが期待されている利己的諸個人にとって、各自の利益を最大化する（あるいは、損害を最小化する）ための合理的な戦略以上の意味をもたず、それぞれのエゴイズムに発する要求を権利の名のもとでお互いに保障し合うための取り決め、あるいはたかだか「処方箋」にすぎないことになってしまう(2)。したがって、それにしたがうことが自身の利益にかなう場合には、各人は自己利益への配慮からおのずと自然法を守るはずであるが、そうでない場合には、自然法に実効性をもたせるためには公権力による強制が必要不可欠ということになる。言うまでもなくそのような公権力創出の論理にこそホッブズの政治思想の核心はあると見なされてきたわけだが、容易に看取されるように、こうした解釈の枠組みのもとでは、結果的に自然法の「道徳法」としての性格は消失し、それによって保障されるはずの「権利」も、結局は公権力による制定法のもとでのみ実効性をもつ単なる法的概念にすぎないことになってしまうだろう。

もとより、こうした解釈あるいは理解の枠組みを成り立たせる要因がホッブズ自身の主張や議論の中にあったことは言うまでもない。ただ、合理的利己主義者たちによるフリーライドの相互抑止としての公権力設立、といった描像を大きくはみ出してしまうような要素が、彼の人間本性論や自然法論には内包されていたこともまた確かなのである。たとえば、人間の「自然状態」が「戦争状態」にならざるをえない理由として強調されていたのは、自己利益の確保を目指すエゴイズムというよりはむしろ、誇りや名誉や信仰のために自らの生命を簡単に棄てさせてしまうような、自己保存という観点から見れば明らかに非合理な情念であったし[3]、自然法が「道徳法」にほかならず(cf. DCi. 3. 31)[4]、それが「内面の法廷」においては常にわれわれを義務づける(cf. Lev. 15. 36-37)とするホッブズの主張は、彼の道徳論にカント的な義務論との親近性を読み取ろうとする解釈さえ生み出してきた[5]。さらに、自然法の具体的内実が平和に資するもろもろの「徳性」にほかならないと明言され、「道徳哲学」が徳と悪徳についての「学知」であると断定されている点に依拠しつつ(cf. Lev. 15. 40, 26. 8)、ホッブズの道徳論を「徳倫理学」的な観点から再評価しようとする動きすらあるのである[6]。

こうした一見すると互いに相容れないように見えるホッブズの思想の諸要素を背後でつないでいた論理の糸が、承認への欲望に注目することによって新たに浮かびあがってくるのではないか、というのが、ホッブズ解釈という観点から見たときの本章の目論見である。そして、すでに触れたようにホッブズの自然権の概念が今日の基本的人権の理念にとっての重要な思想史的起源となっているとするならば、その企ては、近代的な権利概念の忘れ去られていた生誕の現場を、言わば埋もれていた地層から掘り起こそうとする試みともなるであろう。現代における倫理や政治についての議論や考察は基本的には近代的な「人権」概念を一つの準拠枠として行われざるをえない面があるが、その概念が形成される基底となった人間論的・感情論的考察の思想史的解明は、「グローバル・スタンダード」として使い回される中で、ともすれば硬直化・形骸化しがちなその概念を再活性化する一つの機縁ともなるのではないか、というのが本章に賭けられたささやかな野心である。

第一節　なぜ人間の「自然状態」は「戦争状態」になるのか

さて、ホッブズが自らの新しい倫理学と政治学を構築するための理論的な基礎として、人間の「自然状態」を想定したこと、そして、それが「戦争状態」、しかも「万人の万人に対する戦争」の状態にならざるをえない、と主張したことはあまりによく知られている。もとより、この「性悪説」の典型とも見える議論に対しては、多くの疑問や批判が投げかけられてきた。ところが、当のホッブズ自身は、自らの立場が人間の「自然本性」を「邪悪」と見なすような類のものでは決してないと弁明しているし（cf. DCi. Praef. ad Lec. 12-13）、しばしばホッブズの人間観の端的な表現として紹介されてきた「人間は人間にとって狼である」という箴言は、実際には以下のような文脈において言及されたものにほかならない。

「人間は人間にとって神である」と「人間は人間にとって狼である」という言葉は、確かにどちらも共に真理である。前者は同国人同士を互いに見比べた場合に、後者は国家同士を互いに見比べた場合に。前者にあっては、正義と慈愛という平和の美徳によって、神に似た姿へと近づいていく。後者にあっては、悪しき者たちの悪辣さのために、善き者たちもまた、もしも自分たちを守ろうと思うなら、戦争の美徳である暴力と不正の方へ、すな

わち、野獣の貪欲さの方へと立ち返らざるをえないのである。(DCi. Ep. Ded. 2)

一読して明らかなように、ここでホッブズが述べているのは、人間の自然本性の邪悪さとか獣性などではまったくない。ただ、人間はおかれた状況次第で、正義と慈愛の徳性を身につけたお互いにとって神のような存在にもなれば、逆に暴力や不正といった悪徳に身を染めた狼のような存在ともなりえる、と言っているだけである。要するに、人間が人間にとって狼となるのは、戦争がそれを人々に強いる場合だと、そう言われているにすぎないのである。(7)

では、人間の「自然状態」が「戦争状態」になってしまうのはいったいなぜなのか。それはホッブズが、平和な共同社会を可能にしている重要な諸条件が取り除かれた状態として「自然状態」を構成しているからである。なるほど、かれが「自然状態」についての一連の叙述において現実の文明社会から表立って取り除いているのは、さしあたりは確かに「共通権力」の存在だけである。しかし、注意深くホッブズの議論を追っていくと気づかれることは、かれが「共通権力」の存在を取り除くことにより、同時に、平和な共同社会の中ではごく当たり前に成立している人々の間での基本的な信頼関係や、さまざまな徳性を発揮するための機会や条件もまた取り去っている、ということである。なぜそのようなことが必要だったかと言えば、まさにそれらの平和な共同社会を可能にしている諸条件が欠けている状態を仮構した上で、それらの諸条件を一から再構成することをホッブズが企てていたからである。(8)有名な時計の分解の比喩によっても語られていたように(cf. DCi. Praef. ad Lec. 9)、われわれに与えられている現実(現象)を成り立たせている諸要因を思考の上で一度解体し(分解・分析)、それらがどのような仕方で所与の(あるいは目指すべき)現実(現象)を生成しうるのかを再構成する(合成・総合)いわゆる「分解と合成の方法」こそが、ホッブズにとっての「哲学」が採用すべき方法であった(DCo. 6. 1-7)。その方法にしたがって平和な共同社会のための諸条件を議論の余地のない明確な仕方で示すことが、かれの倫理学および政治学においては目指されていたのである。

とはいえ、人間の「自然本性」そのものの中に諍《いさか》いや争いを引き起こす何らかの要因がまったく存在しなかったならば、現実の戦争などそもそも起こりようはなかったであろうし、ホッブズもまたわれわれも、およそ人間の「戦争状態」といったものを想像することすらできなかったであろう。そして、「自然状態」を仮構する中でホッブズが際立たせた「人間の自然本性」のうちなる「三つの主要な争いの原因」が、競争と不信と自尊心にほかならなかった。

人間の自然本性の中に、われわれは三つの主要な争いの原因を見いだす。第一に競争、第二に不信、第三に自尊心である。

第一のものは利得を求めて、第二のものは安全を求めて、第三のものは評判を求めて、それぞれ他人を侵害させるに至る。第一のものは、自分自身が他人の人身や妻子や家畜の支配者となるために、第二のものは、自分たちを守るために、そして、第三のものは、言葉であれ笑いであれ異なった意見であれ、あるいは他のどんな徴《しるし》であれ、たとえそれが直接本人に向けられたものであろうと、間接的に自分の親類縁者や友人や民族・国家や職業や家名に対して向けられたものであろうと、とにかく過小評価の徴《しるし》となるような些細なことのために、いずれも暴力を用いさせることになる。(Lev. 13. 6–7)

だが、ここでのホッブズの説明をよく読むと、「競争」をもち出すことで実質的に取り上げられているのは、さまざまな「利得」を求めて他者との競争へと人間を駆り立てる、所有あるいは力への欲望であり、「不信」で実際に念頭におかれているのは、その裏にある自らの生命や安全を守りたいという自己保存あるいは生への欲望であり、「自尊心」と言われているのは、「評判」を気にかけ、他者からの「過小評価の徴となるような些細なことのために」暴力に訴えてしまうような、そんな他者たちに自分を認めさせたいという承認への欲望だ、ということが分かる。他人よりもより多く力となるものを所有したいという力への欲望、安全を確保し死への不安や恐怖から解放されたいという生への欲望、そして、他者たちから認められたい、認めさせたい、認められないことが許せないという承認への欲望が、人間の中には否定し難く存在し、ときとしてそれらがお互いの争いの大きな原因となってしまうということを、われわれはさしあたりホッブズと共に認められるのではないかと思われる。

第二節　承認への欲望の功罪——人間は他者からの承認に生死を賭けてしまう

ところで、これら三種の欲望の中で、ホッブズが他の動物たちと決定的に異なる人間の特徴としてとりわけ強調していたのが、ほかならぬ承認への欲望であった。人間だけが誇りや名誉のためにときとして生命まで賭けてしまう（cf. DCi. 3. 12）。自分ばかりか、自分の親類縁者や友人や、あるいは自分が属する民族や国家が、たとえほんの僅かでも軽視されたり無視されたり侮辱されたと思うと、それだけで我慢がならず、暴力に訴えたりする（cf. Lev. 13. 7）。また、自分と他人とを絶えず比較して、自分が他人よりも優れていることを何よりも喜び、優越感を味わえる相手とつき合うことを好む（cf. DCi. 1. 2）。こうしたホッブズの一連の指摘から、たとえばレオ・シュトラウスは、ホッブズは人間にとっての「自然的欲望」を「虚栄心」のうちに見いだしたのであって、際限のない貪欲な力の追求という人間的欲望の特徴も、人間が自分自身の力を眺めて得る喜び、つまりは「虚栄心」にその根拠をもつと考えていたのだ、と論じた[9]。

ホッブズは倦むことなく、四つの異なった論拠に即して、人間を獣から特徴的に区別するものとして、名誉や名誉ある地位の追求、他者に対する優越およびこの優越の他者による承認の追求、野心、高慢、名誉欲を挙げている。人間の自然的欲望とは、他者に対する優越およびこの優越の他者による承認の追求にほかならないのだから、人間の自然的欲望の個別形態、つまり「もろもろの情動」とは、優越と承認を追求する個別的な仕方以外の何ものでもないのである。(10)

なるほど、確かにホッブズは、蟻や蜂の「社会」の場合とは異なり人間社会には強制的な権力が必要となる理由を六つ列挙しているが、そのうち実に四つまでを名誉欲や競争心や虚栄心といった承認への欲望に関係づけている(Lev. 17. 7-12)。しかし、シュトラウスの解釈の問題は、承認への欲望としてわれわれが押さえようとしている「もろもろの情動」を、ただ単に「虚栄心」とのみ捉えてしまうことによって、最初から道徳的に悪しき情念であることを前提してしまっている点にある。現にシュトラウスは、「虚栄心」が「道徳的な悪」であるのに対して、それから人間を解き放ってくれる「暴力による死への恐怖」こそ「道徳的な善」であるとする「人文主義的な対比」が、ホッブズ政治哲学の隠された基礎であると主張した。(11) だが、承認への欲望を「虚栄心」へと還元した上で、それがホッブズによって無条件に道徳的悪と見なされていた、とするかれの解釈には明らかに無理がある。たとえば、ホッブズ自身ははっきりと「名声や有名であることへの愛」は節度ある限りは「有益」であり、「過大な自負心は理性を妨げる」が、「適正な自負心」はむしろ「精神のそうであるべき状態である」と述べているし(DH. 12. 8-9)、「虚栄心」については、他者との関係において自己の力を肯定しようとする欲望から生じる一連の情動の中の一つとして分類した上で、それは現実の裏づけをもたぬ自らの力についての想像や、他者からの偽りの評価に基づくがゆえに「虚しい」のだとしている(EL. 1. 9. 1, Lev. 6. 39-41)。要するに、虚栄心が悪と見なされるにしても、それは、偽りの自己評価に基づいて他者からの過大評価を言わば不当に期待し要求する情念だからであって、その根底にある他者からの承認を求める欲望そのものをホッブズが断罪しているわけではないのである。むしろ、極端な名誉欲や虚栄心は、人間にとって本質的な承認への欲望のごくありふれた、しかしやはり逸脱的な一形態として捉えられていたと考える方が、ことがらそのものに即してもはるかに自然ではないだろうか(12)。

実際、承認への欲望は、名誉欲や虚栄心、野心や見栄といったあらわれ方ばかりに注目してしまうとどうしても利己的な情念と決めつけられがちだが、少し考えてみると単純に「利己的」とは断定できない、二つの際立った特徴をもっているように思われる。一つは、それが自らを何らかの仕方で認め、評価してくれるはずの他者の存在を必ず前提し要請している、という点である。そもそも、自分がまったく意味や価値を認めていないような存在から認められ評価されることを求める、というのはおよそ考えられないことであり、したがって、他者による承認を求める者は、まさにそのことによって同時に当の他者を何らかの仕方で認めている、ということになるはずである。つまり、承認への欲望とは他者への欲望であり、原理的には自らが認める他者からの承認を求める欲望なのである。それは必然的に、相互承認が可能な他者との関係性を暗黙の前提としており、その他者との積極的な関わりを求める欲望でもあるだろう。

承認への欲望のもう一つの特徴は、それが通常は人間も含めた動物のもっとも強力な本能と見なされがちな自己保存への欲求、あるいはその裏返しとしての死の恐怖を、ある場合には簡単に乗り越えてしまう、という点である。人間は信仰や理想のためばかりではなく、誇りや名誉のためにも生命を賭けることができてしまう。しかも、それは決して大きな野心や名誉欲に囚われた人間だけの話ではない。たとえば、「自然法」が他者に対する侮蔑を戒める理由を説明してホッブズは「あらゆる憎悪や侮蔑の徴ほどに諍いや闘いへとひとを駆り立てるものはないのであって、ほとんどの者が侮辱を受けるよりは、平和どころか生命までも棄て去ることの方を選ぶほどであるから」と述べている（DCi. 3. 12, cf. Lev. 15. 20）。「ほとんどの者」、つまり、一部の野心的で尊大な者たちからの侮辱や侵害がなければ「慎ましい範囲内で安楽を楽しんでいたような他の者たち」（Lev. 13. 4）でさえも、やはり誇りや名誉を守るために生死を賭けた闘いへと駆り立てられてしまう、とそうホッブズは言いたいのである。人間は強烈な承認への欲望によって死の恐怖を乗り越え、生命を捨てることさえできてしまう。だからこそ人間には戦争も可能になってしまうのではないだろうか。実際、いつの時代でも戦争を起こそうとする者たちは、多くの場合に自らが大きな野心や名誉欲に取り憑かれていると共に、戦争に動員しようとする者たちの承認への欲望を、さまざまな仕方で駆り立てようとしてきたのではないだろうか。そこで希求されている承認が肉親や同胞からのものであれ、カリスマ的指導者からのものであれ、あるいは先祖や民族といった抽象化・理念化された存在からのものであれ、あるいは、神や絶対者といった宗教的な崇拝対象からのものであれ、とにかく、それらによる承認を求めて自らの生命まで犠牲にすることができてしまうからこそ戦争は可能になるのであり、逆に、それを利用することができなければ戦争など継続していくことは不可能なのではないだろうか。そのように考えるならば、ホッブズが現実の戦争の原因として、三種の欲望の中でもとりわけ承認への欲望を強調し、その危険性を繰り返し警告していたのも、充分うなずけることのように思われる。

さて、そうすると承認への欲望は、人間の共同性にとってネガティヴな面とポジティヴな面とを併せもっている、ということになろう。一方で、確かにそれはときに並外れた野心や愚かしい虚栄心としてあらわれ、人々を不毛な争いや競争へと駆り立てもする。また、認められたい、認めさせたい、という思いが他者にうまく受け入れられなかったり、拒絶されたりした場合にも、他者に対する憎悪や暴力を引き起こす。しかし、他方で、認めて欲しい誰かがいるからこそ自らの能力や品性を高めたり他者たちのために尽くしたりといったことが可能になっている場合も決して少なくはないだろう。ホッブズも「賞賛への欲望は、自分がその判断を高く評価している人々を喜ばせるような、讃えられるべき行為へと人々を向かわせる」と述べている。「賞賛への愛から徳性への愛」が生まれる、ということを（Lev. 11. 6）、つまり、承認への欲望が人間の利己性をこえた共同性や利他性が発揮される端緒としても大きな役割を果たしているということを、かれは充分に認めていたのである。にもかかわらず、それが争いの原因となる側面の方が主として取り上げられ、強調されていたのもまた事実である。ただ、それは先にも触れた、平和な共同社会のための必要不可欠な諸条件を明らかにする、という課題からすれば当然のことであったとも思われる。というのも、承認への欲望が人間の共同性や利他性に資する場面があることにはもちろん何ら問題はないからであり、むしろ重要なのは、それが共同社会の平和の障害となる危険性の方を、どうやって制御できるかということの方であったはずだからである。

現に、人間社会はこれまでの歴史の中で絶えずそれを大きな課題とし続けてきたのではないだろうか。たとえばさまざまな宗教の存在を考えてみよう。ほとんどの宗教は例外なしに人間の高慢や尊大や虚栄を戒め、神なり絶対者なりの前での己の卑小さや悲惨さを自覚することを人間に求めてきたのではあるまいか。自らと同じように卑小で惨めな存在である同胞たちの承認を獲得しようとするよりはむしろ、神あるいは絶対的な存在からの承認をこそ目指すよう説いてきたのではないだろうか。そのように考えたとき、ホッブズが自らの構想する国家をあえて「可死なる神、リヴァイアサン」（Lev. 17. 13）と呼んでいたことはきわめて示唆的である。その理由を説明してかれは、人間の自然本性のうちなる「誇りやその他の情念」こそが政治的権力への服従を必要不可欠にする原因であり、それゆえに国家は、旧約聖書の「ヨブ記」において「驕り高ぶるものすべてを見下し／誇り高い獣すべての上に君臨している」[13]「驕り高ぶるすべての子らの王」とされた「リヴァイアサン」に擬《なぞら》えられる、と言うのである（Lev. 28. 27）。周知のように、一七世紀のヨーロッパは熾烈な宗教戦争の渦中にあった。同じキリスト教徒同士が同じキリスト教の神に対する信仰のあり方についての対立から互いに憎み合い、殺し合う状況が生じていたのである。つまりホッブズは、もはや天上の「不死なる神」すなわち既成の宗教に承認への過剰な欲望を制御する役割を期待できない状況の中で、あくまで地上の権威たる国家にその機能を求めようとしていたことになる。

とはいえ、承認への欲望が深く人間の自然本性のうちに根ざしているとしたら、それを単に権力によって強圧的に抑え込むといったやり方（そもそもどうやって？）は、まったくうまいやり方ではないだろうし、ホッブズもそれで済むと考えていたくらいなら、道徳論としての自然法論を国家論に先立ってわざわざ構想することもなかったであろう。いや、そもそも人間の自然本性の新たな解明に立脚した倫理学と政治学の刷新を企てた以上、承認への欲望がなぜどのような要因からときに過剰で逸脱したものとなり、制御不可能になってしまうのかについての分析や検討は、当然それに先立って行われていたと見るべきではないだろうか。実際、ホッブズの「人間の力」についての独特の分析の中に、われわれはそれを見いだすことができるように思われる。

第三節　「承認への欲望」が「力への無際限な欲望」に転化してしまうのはなぜか

『リヴァイアサン』第一〇章の冒頭において、ホッブズは「人間の力」を、「何らかの将来の善と見えるものを獲得するためにその者が現在もっている手段」のことだ、と定義している。具体的には、肉体の強靱さや思慮深さ、容姿や雄弁や生まれのよさといった「本人に備わった力」にせよ、あるいは、富や友人や評判といった「道具のような力」にせよ、とにかくそれらが当人にとっての「善」を獲得するための手段となるならば、どれもがその者の「力」なのだ、というのである（Lev. 10. 1-2）。よく知られているようにかれは、「善」も「悪」も「それらの名辞を用いる人々の欲求と嫌悪とを意味表示している」にすぎず（DCi. 3. 31）、したがって「端的にかつ絶対的にそうであるようなものはないし、対象自体の本性から引き出される善悪についての共通の規則も存在しない」（Lev. 6.

し」とする、価値についての相対主義の立場を採っていた。ところが、「人間の力」が一度このように定義されてしまうと、たとえ各人にとっての「善」がそれぞれの価値観の違いから互いにどれほど異なっていようとも、とにかく各人はそれぞれの「善」を獲得しようとする限りは、やはりそのために必要な手段を現在において確保しようと努めるはずだ、と言えることになる。

こうして「力への欲望」の普遍性を巧みに導き入れつつ、同時にホッブズは、そうした「人間の力」は、およそどんなものであれ、実は他者たちのさまざまな力を利用する手段となるからこそ「力」なのだ、ということも読者に思い起こさせている。たとえば富や容姿のことを考えてみればただちに分かることだが、それらは単に所有しているだけではそれ自体としては何の「力」でもありえない。ホッブズは注意深く、富が「力」となるのはそれが「気前のよさ」と結びついたときだけだ、と付け加えている。なぜなら、その場合には「友人や召使い」を得ることができるが、そうでない場合には富は何の助けにもならず、かえって人々の妬みを招き自らを餌食として晒すだけだから、というのである（Lev. 10. 4）。つまり、「人間の力」とは、それによって他者たちの力を利用したり借りたり引き出せたりすることによってこそ「力」なのであり、だからこそ、この上もなく多くの人間の力を意のままに動員できる国家は「人間の最大の力」を有するとされるのである（Lev. 10. 3）。

しかるに、他者たちの力を利用したり借りたり引き出せたりするためには、その当人の「力」が他者たちからまさに「力」として認められ評価される必要があるだろう。だからこそホッブズは、他者からの評価を獲得可能な「評判」もまたそれ自体が「力」であるということを強調する。一般に「力があるという評判は力」であり、それゆえに、愛国者であるとか成功者であるとか有力な政治家であるといった評判はそれ自体が力であり、現にそうした評判により、多くの他者たちの力を動員することが可能になっているのである（Lev. 10. 5-10）。他方で、さまざまな学問的知識が「小さな力」でしかないのは、もっぱらそれらが「誰においても目立たず、それゆえに知られず、また、少数の人々において以外はまったく存在せず、さらに、その人々においても僅かのことがらについてしか存在しないから」にほかならない（Lev. 10. 14）。

要するに、容姿にせよ雄弁にせよ、富にせよ学識にせよ政治的権力にせよ、あるいは、それらを所有しているという評判にせよ、およそどんな「人間の力」であれ、それらが「力」となるのは、他者たちのさまざまな力を利用するための手段となるからこそなのだが、それが可能となるには、当の他者たちからそれらがまさに「力」として認められ、評価される必要がある。逆に言えば、他者たちからそれと認められ求められているものだけが「力」なのであるから、他者たちによる評価を得られない者には「力」がなく、それゆえに「将来の善」を獲得することもできない、というのである。このような議論を展開することによってホッブズは、読者を次のような結論へと導いていく。

人間の価値あるいは値打ちは、他のあらゆるものと同じで、その人間の力の使用に対して与えられるであろう価格である。したがって、それは絶対的なものではなく、他者の必要と判断とに依存する。（中略）他のものの場合と同じように人間の場合も、売り手ではなくて買い手が価格を決める。というのも、たとえある者が（たいていの者がそうするように）自分自身をできるだけ高い価値に評価したとしても、その者の本当の価値は、他の人々によって見積もられる程度にしかならないからである。（Lev. 10. 16）

すなわち、「人間の力」はどんなものであれ、一方ではそれを必要とし求めている言わば「買い手」としての他者たちからの評価と、他方ではその評価に晒される同じような力を有している言わば「売り手」としての他者たちとの比較という、まさに「市場」的な関係性の中で初めて「力」たり得ている、というのである。マクファーソンはかつて、人間の力がまるで「商品」のように扱われているこの場所を「力の市場」と名づけ、実はホッブズが分析しているのは「競争的市場社会」の中に生きる人々が入り込むことになる特定の社会的関係についてなのだ、と論じた[14]。

しかし、果たしてここで描写されているのが現実の社会の客観的な状況と言えるだろうか。たとえば、現代の高度資本主義社会においてさえ、われわれひとりひとりの生活の中には、少し気をつけてみれば、市場的な競争関係の中では決して手に入れることができないような「善」がいくらでも見つかるはずであるし、何より「力の使用」に対して市場でつけられる「価格」が「その者の本当の価値」になることなど、少なくともホッブズ的な相対主義を採る限りは、そう思い込んでいる人々の想像の中でしか起こりえないのではないだろうか。つまり、「力の市場」で売り物になるかどうかに自分の「将来の善」がかかっている、という事態は、そのまま社会的現実の中に成り立っている事実というよりはむしろ、現実がそのようになっていると思い込んでいる人々の思考と情念の中にのみ成り立つ、言わば「フィクション」なのである。ホッブズは多くの人々が暗黙のうちに共有しているその「フィクション」に明確な輪郭を与えることにより、その中で生きる人々の思考と情念を読者に呈示しようとしているのである[15]。

では、自らが「力の市場」の中にいると想像する人々にはいったい何が起こるのだろうか。常に他者たちからの評価に敏感となり、自分と他者たちの「力」の優劣を絶えず気にかけることになるだろう。他者たちの態度に、自らに対する価値評価をいつも読み取ろうとするであろう。そして、自分につけられたと感じた価値評価が、自らの自己評価とたとえ僅かでも違えばただちにそれが「賞賛」や「侮辱」として、言い換えれば自らにとっての「名誉」や「恥辱」として感受されてしまうことになるだろう、とホッブズは分析している（Lev. 10. 17）。たとえば、援助を依頼することや服従すること、大きな贈り物をすることなどは、相手の力を認めている徴になるがゆえに、また、忠告や話に耳を傾けたり意見に同意したりすることは相手の知恵や判断を認めている徴になるがゆえに、相手を「賞賛」していることになるが、逆に、服従しないこと、僅かの贈り物しかしないこと、同意しないこと、相手が話しているにもかかわらず居眠りをしたり立ち去ったりしゃべったりすることなどは相手を侮辱することである、といった具合に、実際にどのような行為が「賞賛」や「侮辱」として相手に受け取られることになるのかが、実に事細かに例示されている（Lev. 10. 19-33）。要するに、助けを求めたり、服従したり、言葉に耳を傾けたり、居眠りをしたり、といった、その都度の文脈の中でのごくありふれた日常的な行為のほとんどすべてが、常に同時にお互いに対して下している評価の表明として解釈され、それゆえに相手からの賞賛や侮辱として受け取られてしまっている、という、そういう現実を、ホッブズは改めて読者に思い起こさせようとしているのである。

こうして、「誰もが、自分が自らにつけるのと同じだけの額で同胞が自分を評価してくれることを求め」、「あらゆる軽視や過小評価の徴に際しては、その自分を軽視する者からは危害を加えることにより、また、その他の者たちからはそれを見せしめとすることによって、自分の気が済むまでのより大きな評価を強引に引き出そうと努める」ことになる、と結論づけられる（Lev. 13. 5）。他者による承認を引き出し、獲得するためにはさらなる「力」が必要になろうし、その「力」を獲得し維持するためにはさらに他者たちから認められる必要がある。承認への欲望は力への欲望へと転化し、やがて区別がつかなくなっていくだろう。しかも、ホッブズ言うところの「本人に備わった力」だけしかもたず、それをまさに「市場」で売りに出すことでしか生きていけない多くの者たちにとっては、自分の「力」が他者たちに認められるかどうかは文字通りの死活問題となり、他者による評価の低下すなわち力の低下は、そのまま将来の生への不安や死の恐怖へと直結してしまう。かくして三種の欲望の間の区別は完全に見失われ、言わば無際限な力への欲望のスパイラルを形づくることになるだろう。人間的欲望の無限性についての次のホッブズの有名な言葉は、おそらくは以上のような洞察から引き出されていたとみて間違いあるまい。

私は、全人類の一般的な傾向性として、死に至るまで止むことのない、次から次へと力を求める永続的で不断の欲望を挙げる。このことの原因は、人間が既に得ている以上の強い喜びを求める、とか、適度な力で満足することができない、ということでは必ずしもない。そうではなくて、現在もっているよく生きるための力と手段を確保するためには、より以上を獲得しなければならないからである。(Lev. 11. 2)

もとより、実際には力の所有と生命の安全の間にも、また力の所有と他者からの承認の間にも、決して必然的な結びつきはない。たとえ世間的に「力」と認められているものが何もなくても、生きるために必要なものを手に入れる手段がそれですっかり絶たれてしまうわけではないし、むしろ「力」のない者でも生きられるような社会のあり方や共同生活の実践が、少なくない人々によって現に構想され、試されてきたはずである。また、世間的に評価される「力」をもたなければ誰からも「認められない」のかと言えば、むろんそんなこともない。承認には実際にはさまざまな形があるはずであって、現に多くの人々には自分の身近に、どんな「力」を所有しているかなどとは無関係に、自分にとっての大切な存在として文字通り「認めて」いる相手が少なからずいるはずである。

だが、そうであればなおさら、なぜ多くの人々にとって「力の市場」というフィクションから自由になることが困難なのかが問題となろう。ホッブズはいみじくも、既に「最大の力を所有している」はずの「国王たち」ですら、やはり自らの「力」を増大させ「評判」を高め、あるいは維持していくための新たな方策をそれぞれの仕方で求めていると指摘している(Lev. 11. 2)。つまり、別に生きていくために他者たちからのさらなる「力」の承認などもはや必要ないように見える人々、たとえば独裁的な為政者や大資産家であったとしても、やはり「力の市場」での競争と決して無縁ではないのである。これは、当人にとっての「力」が高貴な家柄だろうと芸能人としての人気だろうと、あるいは、学者や専門家としての名声だろうと有力者の親しい友人であるという評判だろうと、事情はまったく変わらないはずである。いや、それどころか、ごく普通の慎みある人々でさえ、生きていくための必要とは無関係なところで、誰かから認められるかどうかが死活問題になってしまう場合は決して少なくないのではあるまいか。そのように考えるならば、承認への欲望は、生きるための「力」の獲得という目的によって一層加速されるとしても、それ自体は、生への配慮という利己的な合理性をやはり溢れ出していることになるだろう。自らの生が課す必然性を越えた「承認」への過剰な欲望は、いったい何に由来しているのだろうか。シュトラウスがそう解釈したように、結局は「虚栄心」こそが人間の「自然的欲望」である、という見解をホッブズに帰すことでわれわれは満足すべきであろうか。

だが、ホッブズ本人が、「人間は自然本性的に悪である」ことを否定して「動物的な自然本性から生じる情念はそれら自体が悪ではなく、ただ、それらから発する行為が危害を与えるものであったり責務に反するものであったりする場合」にのみ悪となるにすぎない（DCi. Ad Lec. 12）と主張している以上、この言葉を字義通りに受け取った上で、もう少しその先までかれにしたがって進んでみることにしたい。

第四節　人間の共同社会を可能にしているもの

さて、誇りや名誉のために生命まで賭けてしまう動物は確かに人間だけかもしれないが、それでも古代中世以来のアリストテレス＝スコラ主義や、デカルト的二元論とは異なり、人間と他の獣たちとの間に自然的存在としての本質的な差異を何ら認めないのがホッブズの唯物論の立場であった。究極的には物質とその運動のみによって構成されている自然の世界の中に客観的な価値や意味の源泉は見いだせず、人間もまたその自然の一部にすぎないとすれば、「昔の道徳哲学者たちの書物の中で語られていたような究極目的も最高善も存在しない」ことになる。だからこそ、善や幸福の尺度となるのは、結局は個々の人間の欲望の多様なあり方以外にはない、とする相対主義が採用されたわけだが、そもそも生きているということ自体も、何ごとかを欲求し欲望していることに等しいのだから、「欲望がなくなった人間は、感覚や表象が停止した人間と同じで、もはや生きることができない」。さらに、どんな欲望であれ、それが満たされ実現されることが当人にとっての喜びであり幸福なのだから、幸福な生とは、その都度の欲望が満たされると同時にさらなる欲望が生じてくることでまたその実現を目指して生きていけるような、そんな無際限な欲望とその充足の連鎖としてしか考えることはできないはずである。「至福とは、欲望がある対象から別の対象へと継続的に前進することであって、前者の獲得はすでに後者への道程にすぎない」。したがって、「人間の欲望が目指すのはたった一度きりの束の間の享受ではなくて、未来の欲望の道程をいつまでも確保することにある」。それゆえに「すべての人間の意図的な行為や傾向性は、満ち足りた生活をただ単に手に入れるだけではなく確保することにも向かうことになる。ただそのやり方が違うだけなのである」(Lev. 11. 1)。

ホッブズは以上のような人間の欲望と幸福についての考察の「目的」を、予めわざわざ「人類の平和と統合の中での共生」のため、と断っている。かれは別に、人間の自然本性に基づいた無際限な欲望の連鎖を道徳的に非難しようとしているのではない。実際、自らが生きるために他者たちが認めてくれる力を身につけ、その力を他者たちに提供することによって自分もまた他者たちの力を利用して生きていくにせよ、あるいは、他者たちに認められるために他者たちが認めてくれる力を身につけ、その力を他者たちに提供することによって他者たちから認められて幸福感をおぼえるにせよ、力への欲望がそうした閉じたサイクルの中を破綻なく無際限に走っている限り、さしあたりは忌避され嫌悪されるべき何ものもないはずである。いや、それどころか、多くの人々が、あるいは少なくともかなりの割合の人々が、そうした思考と情念の回路にそって生き活動するのでなければ、ある程度以上の規模の共同社会はおよそ成り立ってはこなかったのではないだろうか。実際、他者たちの力を利用しようとしない者や、他者たちが利用可能な力を（所有しているにもかかわらず）提供しようとしない者は、確かに「力の市場」とは無縁であるかもしれないが、そのことによって同時に、自らが共同社会の一員であることも拒絶したことになってしまうだろう。その意味で、「力の市場」というフィクションによってモデル化されるような思考や情念を人々が暗黙のうちに共有していることは、人間の共同性を破壊するどころか、むしろ共同生活を維持し機能させていくために必要不可欠な人間社会の紐帯《ちゅうたい》そのものなのである。

もちろん現実には、野心や名誉欲や征服欲から力への欲望を並外れて肥大化させる者もあれば、他方では、生存を脅かされ、死の恐怖にかられた者による対抗的な、しかしやはり過剰な暴力の行使もあり、「人類の平和と統合の中での共生」は絶えず脅かされてしまうだろう。だからこそホッブズは、そうした危険性がいかにして生じるのかを明らかにするために、あえて「力の市場」の中での三種の欲望の強度を上げ、無際限な力への欲望のスパイラルが破綻したときに何が起こるのかを描き出そうとした。言うまでもなくそれがあの「自然状態」についての一連の叙述である。しかし他方で、読者に「戦争状態」の中での不安と恐怖を共有させる中からかれが導出しようとした新たな倫理と政治が守ろうとするものも、平和な共同社会の中で初めて可能となる諸々の人間的欲望の充足以外ではありえなかった(16)。つまり人間本性のうちなる「三つの主要な争いの原因」は、「力の市場」の中で失調さえしなければ、「昔の道徳哲学者たちの書物の中で語られていたような究極目的や最高善」と訣別した人々にとっての「至福」の可能性の条件でもあったのである。

ところで、古来哲学者たちは異口同音に、人間と他の動物との間の大きな違いの一つとして、自らの生存を維持していくために必要な諸能力を個体としてはおそろしく欠いている点を指摘してきた(17)。だからこそ人間は生きていくために共同社会を必要とする「社会的動物」である、とも言い古されてきたわけだが、ホッブズもむろんこの点は否定していない。「確かに人間にとっては、その自然本性によって、人間である限り、すなわち生まれるやいなやただちに、絶えざる孤独は厭うべきものである。なぜなら、幼児は生きていくために、大人はよく生きていくために、他人の助力を必要とするからである。それゆえに、人間は他者との交わりをそれを強いる自然本性によって欲するということを私は否定しない」(DCi. 1. 2. n. 1)。ただ、かれが否定したのは、「人間が社会に適したように生まれついている動物である」という思想であり、人々がお互いに対する善意や愛によって社会を構成するという見解であった。「あらゆる社会関係は利益のためにか、優越感のために、すなわち自己への愛によって取り結ばれるのであって、同胞たちへの愛によってではない」(DCi. 1. 2)。だが、不特定多数の他者たちに対する愛があろうがなかろうが、「生きるために」にせよ「よく生きるために」にせよ、とにかくわれわれは生きていくために他者たちの力を必要とし、まただからこそ他者たちのために自らの力を提供しなければならない、という関係性は決して変わることはない。他者たちに対する自らの力の提供を、たとえ愛ゆえに行おうと、自らの利益のために行おうと、あるいは名誉や優越感のために行おうと、共同社会の中でのそうした関係性のもとでは、われわれは事実上他者たちのために生きているのである。

とはいえ、他者たちへの愛ゆえに他者たちのために生きることができる人々ばかりの世俗的社会を考えることは、ホッブズでなくても難しいであろう。逆に、承認への欲望が多少なりとも利己的なわれわれの中に組み込まれていることによって、たとえ主観的には自分のために生きているつもりでも、実質的には他者たちのために生きる、ということが初めて可能になっている、と見なすことにはあまり無理はないと思われるし、[18] 必要とあれば少なからぬ哲学者や思想家たちの見解を傍証として引き合いに出すこともできよう。[19] あるいは、人間を自然の一部と見なしつついでに進化論的な観点に立つならば、自己の生への配慮という利己的な合理性を溢れ出す承認への欲望の存在を、種の存続のために働いた淘汰圧の結果と考えることも充分可能かもしれない。すなわち、共同社会の形成なしには生きていけない人間という生き物が、生への欲望と切り離しがたい仕方で承認への欲望を自分たちに刻み込むことになったのは、言わば進化論的な必然であった、と考えるのである。[20]

とはいえ、一般にある生物がある機能や能力を獲得するに至ったのがたとえ進化論的な淘汰の結果だったとしても、その事実が当の生物の未来における存続を保障するわけではないのは、たとえば恐竜やマンモスのことを考えてみただけで明らかである。承認への欲望は人類の種としての存続を支える重要な要因の一つとして機能してきたかもしれないが、逆にそれが滅亡の原因となっていた可能性も否定できないし、今後そうならないという保障もどこにもない。たとえば国家間の威信を賭けた戦争に核兵器が利用されてしまえば、それはたちまち現実になってしまうだろう。[21]

もちろんホッブズは進化論など知るよしもなかったし核兵器の脅威とも無縁であった。しかし、承認への欲望が人間の自然本性のうちに深く根ざしているがゆえに、それが自他を傷つけ、争いを引き起こす大きな原因となってしまう危険性を、おそらくは同時代の誰よりも深刻に受け止めていた。人間は生きていくために他者たちの力を必要とし、他者たちからの承認を必要としている。だが、まさにそれゆえに人間は、自らの他者たちに対する優越を何よりも喜び、逆に他者たちからの過小評価や侮蔑や無視を耐え難い苦痛と感じ、そのことが互いに競い合い、傷つけ合い、争い合うもっとも大きな原因ともなってしまう。「人間は他者との交わりを、それを強いる自然本性によって欲する」にもかかわらず「人間は社会に適したように生まれついてはいない」。それゆえにこそホッブズにとっての倫理と政治は、このギャップを埋めるための工夫でなければならなかった。[22]とすれば、自然権の概念を起点として展開されることになるかれの道徳哲学と政治哲学は、当然承認への欲望と無際限な力への欲望のスパイラルを制御することを重要な課題としていたはずである。それが果たしてどのような仕方で企てられていたのかを、次に確認してみることにしよう。

第五節　平等性の相互承認はいかにして可能か

よく知られていることだが、ホッブズは自らの倫理学と政治学の直接的基礎を、「すべての人間は生まれながらにみな平等である」という命題においた（Lev. 13. 1）。「すべての人間は、自然本性上、お互いに平等」であって、「現在存在している不平等は、国家の法によって導入されたもの」だというのである（DCi. 1. 3）。近代的な人権思想の大原則として自明視されてきたこの命題はしかし、改めて考えてみれば、そのまま字義通りには受け入れづらい内容を含んでいる。もちろん、現実の歴史的文脈の中で人間の平等性の主張が、その都度の既存社会における極端な不平等の不当性を批判、告発し、より平等な社会への変化をもたらすために一定の役割を果たしてきたことは間違いないであろうし、そうした具体的場面でこそ「人間としての平等」によって志向されてきた価値や意味も初めて実感をもって掴まれることであろう。だが、そうした具体的レベルでのさまざまな「平等」への要求に、あえて理論的な場面での正当化が求められたときには、道徳哲学や政治哲学はより一般的な次元での応答を余儀なくされるはずである。われわれ人間は一人一人が資質も能力も外見も考え方もみなそれぞれ現に異なっているのだから、その事実を認めつつそれでも「平等」と言う場合には、必ずある特定の観点なり尺度から見た限りでの「等しさ」が前提され、あるいは要請されているのでなければならない。では、ホッブズはいったいどのような観点あるいは尺度からすべての人間の平等性を引き出したのか。

一口で言えば、人間はお互いに殺し合えるから、というのがかれの用いた論拠であった。人間相互の間には確かに心身の能力の違い、さまざまな力の違いがある。しかし、たとえ劣位にある者たちであっても、互いに共謀したり秘かな企みによって、どれほど優位にある者も殺すことができてしまう。すなわち、人間の身体はお互いの暴力に対してそのような脆いものでしかないし、その身体への暴力により、どれほどの能力も、権力も、知恵も、すべて無に帰してしまう。人間同士の力の差とは、所詮はその程度のものにしかすぎない。したがって、お互いを平等な存在と認めるべきだ、というのである（EL. 1. 14. 2）[23]。

すでに明らかなように、ホッブズは人間がその諸力において事実として平等であると述べているのではまったくない（実際、そんなことはありえないから）。そうではなくて、たとえきわめて大きな力の差があっても、相互の暴力によって等しく死に至らしめられる可能性に晒されている、という一点でお互いを平等な者と認め合うべきだ、とそう主張しているのである。だからこそ、その平等性を受け入れ、他者たちに与えられるべきもの以上を自分に対しても要求しない者が「慎みある者」として評価され、逆に平等性を認めずに自らの他者たちに対する優越性の承認とそれに見合うより多くの便宜や名誉を求める者の「自惚れ」や「野心」や「虚栄心」が争いの原因として非難される（cf. EL. 1. 14. 2-3, DCi. 1. 4）。つまり、互いの平等性を認め、高慢や傲慢を慎むべきことが、後に「自然法」の内容として説かれるに先立って既に予示されているのである[24]。その意味で、この人間の平等性についての主張は、ホッブズの道徳哲学の前提というよりはむしろ先取りされた結論なのである。

ところが、かれが求めている平等性の相互承認が成り立つためには、その論拠とされた互いの暴力による死の可能性の意味が、人々にとって少なくとも他のあらゆる差異を無視できる程度に大きなものでなければならない。実際、ホッブズは『市民論』では、「お互いに対して等しいことをなせる者は平等である」という大前提と、人間はお互い対して「最大のこと」すなわち「殺すこと」を等しくなせるという小前提から、すべての人間の平等性を結論として導き出してみせているが（DCi. 1. 3）、この三段論法が説得力をもつためには、「殺すこと」がお互いに対してなしうる「最大のこと」であるという価値認識がさらなる前提として共有されていなければならないだろう。しかるに、既に確認したように、承認への欲望は死への恐怖を容易に乗り越えてしまうし、たとえば生命の安全よりも名誉や栄光を優先する人々からすれば、この価値認識こそまさに受け容れることが困難なのである。しかも、ホッブズ自身が、各人がそれぞれの価値観に基づいて生きている以上、「誰かが賞賛すること、すなわち善と呼ぶことを、別の誰かが悪として非難する」のは避けられず、「こうしたことをしている限り、不一致や争いが生じるのは必然である」とも述べていた。ここでも、ひとは自らの趣味や信念や理想や信仰が否定され、無視されることに耐えられず、何としてもそれらを他者に認めさせようとする承認への欲望から自由になれないのである。それゆえに人々は、善と悪とを「さまざまな尺度によって判定している限りは戦争状態の中にあることになる」(DCi. 3. 31)。

またしても「戦争状態」ではある。しかし、この直後に、ホッブズが自らの倫理学と政治学の出発点として、なぜあえて極限的な戦争状態を想定する必要があったのかの理由もはっきりと示されている。続けて、かれはただちに次のように述べている。「この状態が悪であるということは、その中にいるときには誰でも容易に認識するし、したがってまた平和が善であるということについても同様である。それゆえ、現在の善については一致できない者たちも、未来の善については一致するのである」(*ibid.*)。「戦争状態」が悪であることも、それゆえに「平和」が善であることも、「戦争状態」の中にある者なら誰でも認識しうるはずであることをホッブズは疑っていない。だが、もちろんわれわれを含めた読者の多くは、幸いにも「戦争状態」の中にいるわけではない。ただ想像上の暴力による死の恐怖をかろうじて体験できるだけである。だからこそホッブズには、平等性の相互承認と平和という共通善の認識を読者に共有させるための想像上の場所を、どうしても作り出す必要があった。言うまでもなくそれが「万人の万人に対する戦争」というフィクションである。

それがはっきりと方法論的な自覚のもとで仕上げられたのは、やはり『リヴァイアサン』においてであったと思われる。よく知られているようにホッブズは、道徳哲学や政治哲学はわれわれ自身の経験についての内省や観察を通して知られる固有の原理に基づく、と考えていたが（cf. DCi. Praef. ad Lec. 19, DCo. 6. 6-7）、『リヴァイアサン』の「序論」ではより具体的に以下のような説明がなされている。すなわち、人間の「思考や情念の類似性のために、誰でも自分自身の中を見つめて、自分が考え、信じ、推論し、希望し、恐怖し等するときに、何を、どういう根拠に基づいて行うかを考察するならば、それによって他のすべての人々の、同様の場合における思考や情念がどういうものであるかを読み取り、知る」ことができるのだから、もしも自分が自らの読み取ったことを「整然かつ明瞭に示してしまったならば、他の人に残された労苦は、自身の中にも同じことを見いださないかどうかを考察してみることだけ」であり、しかも「この種の教説には、それ以外の論証の余地はない」というのである（Lev. intro. 3-4）。要するにホッブズは、自らの新たな倫理学や政治学の基礎となるべき人間の自然本性についての知見は、「昔の道徳哲学者の書物の中」にではなく、それぞれの読者がかれのテキストを媒介として自身の中に読み取れる共通の「思考や情念」を通して、各自が自ら確かめるしかない、と考えていたのである。

この方法論的な自覚に基づいてホッブズは、『リヴァイアサン』では、いわゆる「自然状態」についての叙述を『法の原論』や『市民論』から大幅に変更している。その詳細な異同を検討している余裕は今はないが、簡単に言えば、一般の読者がよりリアルに、また自然な形で「戦争状態」への不安や恐怖を想像することができるような工夫がなされたのである。[25] しかも、『市民論』では「戦争状態」が悪であることを認識するのは「理性の仕事」と言われていたが（DCi. 3. 31）、『リヴァイアサン』でははっきりと、「人々を平和へと向かわせる」のは「さまざまな情念」、すなわち「死の恐怖や、快適な生活に必要な物事への欲望や、勤労によってそれらを獲得する希望」だとされる（Lev. 13. 14）。つまり、『リヴァイアサン』の「自然状態」論は「情念からなされた推論」だとされるのである（Lev. 13. 10）。むろんその情念からの推論とは、「万人の万人に対する戦争」をフィクションとして共有しうる読者たちが自身のうちに見いだす「思考や情念」でなければならないだろう。[26]

結局、ホッブズにとっての「自然状態」すなわち「戦争状態」は、優越性の承認を求める闘争と価値観の不一致に基づく闘争から、平等性の相互承認と平和という共通善の認識を導出するために仮構された場所であった。殺し合えるという点で平等だから必然的に戦争が起こるわけでもなければ、価値観の不一致から必然的に戦争が起こるわけでもない。平等性の承認と共通善の認識が共有されるための想像上の場所として、「万人の万人に対する戦争」があえてリアルに描き出されなければならなかったのである。かれの倫理学と政治学の全体の成否はひとえに、そのフィクションによってすべての人々が同じ情念と思考を共有できるかどうかに懸けられていたのである。

だが、それでは人間の平等性の相互承認は、「戦争状態」の想定の中でいったいどのように具体化されたのだろうか。周知のようにホッブズは、共通善たる平和を実現し維持していくために必要不可欠な一連の諸条項を新たな普遍的道徳として「自然法」の名のもとに提示したが、その自然法の内容を演繹する起点として用いられたのが、ほかならぬ「自然権」の概念であった。承認への欲望がもたらした問題系は、ホッブズによる「自然権」の思想にどのように結晶化していったのだろうか。以下ではこの点を検討してみることにしたい。

第六節　自然権の相互譲渡と自然法

ホッブズは『リヴァイアサン』では、自然権を「各人が、自分自身の自然、すなわち自分自身の生命を維持するために、自らが意志する通りに自分自身の力を用いる自由」と定義している（Lev. 14. 1）。これを自らが生きるために必要なことをできる限りしてよい権利と捉えるならば、今日風にはさしずめ「生きる権利」、あるいは「生存権」と言い換えられるだろう。すると、これも先ほどの「人間はみな平等」と同様、現代社会ではしばしば自明の権利として語られはするものの、率直に言えばやはりうまく理解しづらい考え方を含んでいる。たとえば、すでに存在している国家が憲法その他の法律によって国民に生存権を保障している、というのなら一応話は分かる。もしもその生存権が侵されていると判断される場合には司法に訴えてその保障を求めることになろうし、生存権の名のもとに具体的にどのような権利が保障されているのかは、関連する法律の内容なり行政制度なり、あるいは過去の判例を調べることによってある程度は明らかになるだろう。ところが、言うまでもなく自然権は、国家の成立以前にも、あるいは既存の国家のうちでも外でも例外なしに成り立つ権利と考えられている。ここで伝統的な自然法思想に基づき、神によって定められた永遠不変の法としての自然法の存在を一応の前提とした上で、それによってすべての人間に等しく与えられた権利として自然権を捉えるならば、少なくとも理論的な整合性は保つことができるかもしれない。ところが、ホッブズは明らかに「自然状態」における自然権の方から出発して、無制限の自然権に対する平和のための制約として自然法を導出しているのである。[27] だが、およそ既成の秩序や制度や法規範が何も存在しないところに想定された「権利」が守られたり侵害されたりするという場合、われわれは単なる比喩以上のいったい何を語っていることになるのだろうか。

実際、ホッブズの議論の中では自然権は「権利」としての積極的な意味をほとんどもっていないようにも見える。というのも、たとえ自らの生命や身体を守るために必要なことを行う自由が言葉の上では「自然権」として正当化されたとしても、各人がそれぞれ生きるために必要と自ら判断する限りでの自由を何の制約もなしに行使できる「自然状態」の中では、「権利」として実際に守られ尊重されるものなど何もなくなってしまうからである。ホッブズははっきりと、それが「万人が万物に対する権利をもつ」状態であり、他者の生命や身体に対してすらそれを自由にしてよい権利をお互いがもち合うことになると述べていた（Lev. 14. 4）。むろんそれでは困るので自然権はどうしても制限されねばならなくなる。平和を求める「人間理性の戒律」たる「自然法」がそれを命じると言われる。『リヴァイアサン』では「第一の自然法」として、次のように定式化されている。

人は、平和と自己防衛のために必要であると思う限り、他者たちもまたそうする場合には、万物に対するこの権利をすすんで放棄すべきであり、他の人々に対して有する自由については、自分自身に対して他の人々が有していても許せるだけの自由で満足すべきである。(Lev. 14. 5)

要するに、他者がもつことを許せる範囲の自由で自分も我慢すべきだ、というわけである。しかし、この一見するときわめて常識的と思われることを言うために、なぜわざわざ自然権という特異な「権利」をもち出す必要があったのだろうか。(28)

実はホッブズはこの自然権の相互放棄を命じる自然法について述べた後、結ばれた信約の遵守を命じる次の自然法に至るまでの間に、権利の放棄と譲渡、およびそれらを可能にする条件としての信約とそれが課す義務について、かなりのスペースを割いて説明している。人間の意志や言語についてのきわめて興味深い分析も含むその間の議論の詳細な検討については、残念ながら他の機会に譲るしかないが、その過程がはっきりと示しているのは、すでに触れた平和な共同社会の成立要件の再構成という課題のもっとも基底的な部分を、ホッブズが信約による平等な権利の相互承認という基本的な枠組みにそって行おうとしていた、ということである。

まず「自然状態」を万人が等しく万物に対する権利を有する状態と想定するならば、他の人々には少なくとも私の生命や身体を自由にできる権利は放棄して欲しい。だがそのためには、自分も同じように他者の生命や身体を自由にできる権利を放棄すべきである。お互いが同じようにそれぞれ他者の生命や身体を自由にできる権利を放棄し合ったときに、初めて私の生命や身体を自由にできる権利をもつのは私だけとなり、あなたの生命や身体を自由にできる権利をもつのはあなただけになる。こうした自然権の相互放棄、あるいはむしろ相互譲渡によって互いの自由の及ぶ範囲は狭まるが、そのことによって、まさにその制限された範囲内での各自の自由が、実質的な「権利」

として保障されることになるのである。

しかも、「権利の譲渡」とは、もともと移動可能な物件の単なるやりとりなのではない。たとえばあるものについての権利を誰かに譲るとは、相手がそれを自由に利用したり享受することに抵抗しないという約束をその相手と交わすことなのである（cf. Lev. 14. 6-7）。それは「契約」と呼んでおいても構わないのだが、ホッブズは、契約当事者の一方もしくは双方の履行がまだ行われておらず、単に将来における履行が信用されているにすぎない状態の契約を特に「信約」と呼んで区別していた（cf. Lev. 14. 9-11）。それにしたがうなら、「権利の相互譲渡」とは、相手が将来にわたってもそれを履行し続けるという信頼、あるいは単なる双方の期待によって成り立っている信約にほかならないことになる。つまり、まず互いに他者を自らと同等な者として認め合う関係性の、その起点として自然権が据えられ、相互の信約によってそれが平等に制限されることによって実質的に確保される権利は、その当の信約の言わば「効果」として捉えられているのである。

他方、自然法は、無制限な自然権に対する平和のための制約として導き入れられている限りにおいては、明らかに自然権と対立する。ホッブズはわざわざ「権利と法の差異」について、「権利は行ったり差し控えたりする自由のうちに存するのに対し、法はいずれか一方へ決定し拘束するのであるから、法と権利は義務と自由と同じように異なっており、同一のことがらにおいては両立しない」と述べて、両者の混同を戒めている（Lev. 14. 3）。しかし、上に見たような相互性のもとでは、たとえば私の身体の自由という「同一のことがら」に対するあなたの権利が制限されることがすなわち私の権利が守られることになるのだから、実質的には、自然法は自然権を制限し合うことによって、その制限された範囲内で相互の権利を守り合うための制約そのものにほかならない、とも言えることになるだろう。

だが、ホッブズの自然法が命じている「義務」は、「平和を求め、追求せよ」であって、「可能なあらゆる手段によってわれわれ自身を守れ」ではなかった。だからこそ、平和が獲得できる見込みがない場合には、「戦争のあらゆる援助と利点を求め利用してもよい」と自然権の行使が認められるのだった（Lev. 14. 4）。すると、平和を求め、追求することが「義務」となるのは、結局それが「自己保存」のために有利な場合だけだ、と考えざるをえなくなる。だが、そのとき、自然法はもはや道徳的「義務」としての性格を失い、単なる「自己保存」のための合理的戦略にすぎないことになるだろう。他方、その場合の自然権の行使は、すでに自然法の課す制限を破棄しているばかりではなく、もはやいかなる「信約」にも拘束されていないのだから、それを尊重するよう義務づけられている者は誰もおらず、実質的にはいかなる「権利」としての性格も失っていることになる。それこそまさに、自然状態においてて最初に想定された何の制約もない自然権にほかならないだろう。しかし、ではいったい、なぜそれはそもそも「権利」たりえたのだろうか。

むろん、お互いの無制限な自由を共通善たる平和のために（しかし実質的にはその平和のもとでの各自の利益のために）制限し合い、そのために結ばれた「信約」によって相互承認された自由のみが「権利」になる、という話にすぎないのなら、それはそれで契約論的な道徳理論の例示として充分理解可能ではあるかもしれない。なるほど無際限な自由はどのみち制限されざるをえないであろう。しかし、自由は単に平等に制限されるならばそれだけで「権利」になりうるのだろうか。お互いの信約によって制限された範囲内での自由が権利になるというのなら、たとえば自分は絶対に人から殺されたりはしないと信じている者同士が、隙あればお互いを殺し合ってもよいことにしようと約束し合い、それを互いの正当な権利だと言い張ることもできるのではないか。ところが、ホッブズは、およそどのような約束や話し合いにも先立って成り立つ権利をこそ自然権と呼んだのではなかったのか。こうして、われわれはやはり自然権が最初に導き入れられた場面に立ち戻らざるをえなくなるように思われる。

第七節　「権利」概念の基底へ

さて、『リヴァイアサン』では、さしあたり何の前置きもなく、言わば素っ気なしに、各人が自然状態において「自分自身の生命を維持するために、自らが意志する通りに自分自身の力を用いる自由」として導入された自然権だが、たとえば『市民論』の「権利および権利をもってなされることの定義」と題された第一章第七節では、もう少し文脈的に次のような定義がなされていた(29)。

それゆえ、人間の自然的欲望によって人々の誰もが被っている、かくも多くの危険の中では、自分自身のことを気遣うことは少しも非難されるべきことではなく、むしろ、われわれはそうせずにいることができないのである。というのも、誰もが各々、自分にとって善であるものを欲求し、自分にとって悪であるものを忌避するように動かされるのであるが、自然的な悪のうちでも最大のもの、すなわち死を忌避するように動かされることがもっとも大だからであり、しかも、このことは、石が下方へと動かされるのと少しも変わらない、まったくの自然の必然性によるからである。したがって、もしも誰かが、自分自身の身体や四肢を死や苦痛から守り保つためにあらゆる努力を払っていたとしても、それは決して愚かなことでも、非難されるべきことでも、正しき理性に反することでもない。しかるに、正しき理性に反していないことは、正当に、権利をもってなされる、と誰もが語っている。実際、権利という言葉によって意味されているのは、各人が自分の自然的諸能力を正しき理性にしたがって行使する自由、以外の何ものでもない。それゆえ、自然権の第一の基礎は、各人は自分の生命と身体とを可能な限り守ろうとする、ということなのである。(DCi. 1. 7)

すでに見てきたように、ホッブズは実際には死が最大の悪であるという価値判断を人々が現に共有しているとも、またすべての人間が例外なしに何よりも死を怖れ忌避するとも考えてはいなかった。それゆえ、ここで言われているのはあくまでも「誰か」が、自らの生命が絶えず脅かされているような不安と恐怖の中で、自身の生命と身体を守るために可能なあらゆる努力を払っていたとしても、それは「正当に、権利をもって」なされたことと認めるべきだ、ということである。そしてその承認を読者から取りつけるために、石の自由落下の「必然性」や伝統的自然法論における「正しき理性」が動員されている。だが、ホッブズがここで本当に読者に問いかけていることはただ一点だけなのである。つまり、たとえそれぞれの「善悪の尺度」がどれほど互いに異なり、正邪の判断をめぐって争っていたとしても、暴力による死の恐怖が遍在する状況の中で「誰か」が自らの生命や身体を守ろうとしていることが「正当でない」とか「そんな権利はない」と言い張れる者はいるだろうか、とそう問いかけているのである。したがって、ホッブズはここで、誰もが必ずそうする、とか、自然の必然性でそうなる、というような主張をしていたのではない。仮構された「戦争状態」の中で、誰もが同意できるはずの正邪についての最初の区別をつけようとしていたのであって、問われていたのはまさに「権利問題」なのである。

では、「自分の生命と身体とを可能な限り守ろうとする」自由が文字通り「正当な」権利として認められる「誰か」とはいったい誰なのか。それは暴力による死の恐怖にさらされている他者以外ではありえないだろう。むろん、私にもその他者となる可能性はあり、だからこそ私はその可能性の認識による平等性の相互承認を求められていたのだった。けれども、私が自然権を「権利」すなわち正当な自由として認めるのはまずは他者に対してであって、自分に対してではない(30)。なぜなら、他者たちによって「正当」と認められた自由のみが「権利」なのであるから、まずもって「誰か」の自然権が承認されているのでなければ、私は自らの自然権の承認を他者たちに求めることもできないからである(31)。

だが、それでもやはり（あるいはだからこそ）お互いの自然権が無制限に認められた状態は「戦争状態」になる、とホッブズは断じたのだった。実際、もしもロックの「自然状態」のように、人間と人間の間に開拓されるべき未開の荒野が広がっていたなら、あるいはルソーの「自然状態」のように、人間が森の中で離ればなれに自足していたなら、他者の自然権を認めるということは、単に他者の活動に干渉しない、ということだけで済んだかもしれない。ところが、ホッブズにとっての人間は、国家の内部であろうが外部であろうが、「生まれるやいなやただちに」他者たちの力なしには生きていけないのであった。それゆえに他者の自然権を認めるということは、ただちにその他者が生きていくために必要としている力を提供する義務を自ら負うということにならざるをえないし、その力を提供しない場合には、他者たちが暴力に訴えてでもその力を獲得しようとすることを正当と認めることにほかならないのである。

もちろん、共同社会の平和のためには、どのみちお互いの自然権を無制限に認め合うことなどできず、だから人々はそれを平等に制限し合うための仕組みとして国家を必要とする、とされたのだった。そして、既成の社会秩序のもとで、人々が平等な者同士の相互承認を求める自然法の命令に結果的にはおおむねしたがって生き、一応は平和な共同生活が保たれている場合には、ひとは自然権のことなどまったく忘れて生きていけるのである[32]。けれどもホッブズはあえて、人間にはいかなる信約によっても（したがって国家の内部においても）、決して廃棄や譲渡できない権利があり（cf. Lev. 14. 8）、その中には、自らの生命を奪おうとする者や身体に危害を加えようとする者に抵抗する権利ばかりではなく、空気、水、食糧、自らの身体を自由に動かせること等をはじめとする「人間がそれなしには生きられないか、あるいは、よく生きることができないような他のあらゆることを享受する権利」も含まれる、としたのだった（Lev. 15. 22）。言うまでもなく、ここにわれわれが今日「基本的人権」と呼んでいるものの起源があるわけだが、ホッブズにとってはこれこそが、国家の中であろうと外であろうと、われわれが他者たちに対して自然権を認める限り、提供することを義務づけられる当のものであった。国家の中ではその責任はさしあたり主権者の手に委ねられることになるが（cf. Lev. 30. 1）、しかしその義務の起源は、たとえどれほどの力を獲得しようとも、相変わらずお互いの暴力による死の可能性の前では無力な存在同士であるわれわれが、それでも（あるいはだからこそ）お互いの生を肯定し合い承認し合うその関係性の中にあったはずである。[33]

さて、ホッブズは、人間本性の中には、もっと力になるものが欲しい、生命と安全を守りたい、他人に自分を認めさせたい、という三つの欲望があって、それらがうまく満たされないことによって人間相互の争いが起こる、と考えていた。しかるに、共同社会における自然権の相互承認とは、言ってみれば、生きるために不可欠な力を提供し合うことでお互いを死の不安や恐怖から解放し、少なくとも平等な者同士としては認められている、という実感をお互いに与え合うことにほかならないだろう。その仕組みにはまた、あの「力の市場」の中での無際限な力への欲望の失調と破綻を防ぐ役割も期待されていたに違いない。もちろん、ときとして過剰なまでに増幅されてしまう承認への欲望が、平等な者同士としての承認という「つつましい」関係性の中に果たして首尾よく回収できるのかと問われれば、甚だ心許ない、と答えざるをえないであろう。だが、どのみちさまざまな優越を競うレースや機会にわれわれの社会が事欠くことなどありそうにもないのである。むしろ、人生を「先頭に立つということ以外にはいかなるゴールも栄冠もない」レースに喩えた上で、「次々と抜かれていくこと、それが悲惨。すぐ前の走者を次々と抜いていくこと、それが至福。そしてコースを外れること、それが死」（EL. 1. 9. 21）などとうそぶいてみせたホッブズだからこそ考案しえたと思われる自然権の相互承認という仕組みが、承認への欲望の社会的な制御という機能をよく果たしうるかどうかは、三五〇年後のわれわれの社会でもなお、依然として試され続けていることのように思われる。

注

（1）こうした「標準」的な理解を緻密な分析的解釈へと展開してみせた典型的な例が、たとえば、David P. Gauthier, *The Logic of Leviathan: The Moral and Political Theory of Thomas Hobbes*, Oxford: Clarendon Press, 1969 や、Gregory S. Kavka, *Hobbesian Moral and Political Theory*, Princeton: Princeton University Press, 1986 である。

（2）ホッブズの自然法を、病気の患者に対する医師の「処方箋」にたとえて、後に触れるような「義務論」的解釈を批判したのはワトキンスであった。J・W・N・ワトキンス著／田中浩・高野清弘訳『ホッブズ――その思想体系』未来社、一九八八年、第五章参照。（John Watkins, *Hobbes's System of Ideas*, 2nd rev. edition, London: Hutchinson, 1973, Reprint edition, Aldershot: Gower, 1989, ch. 5）

（3）この点に着目して旧来の「標準」的な解釈を批判した研究として、たとえば、Stephen Holmes, "Introduction", Thomas Hobbes, *Behemoth*, ed. by Ferdinand Tönnies, with a new Introduction by Stephen Holmes, Chicago: The University of Chicago Press, 1990 や、S. A. Lloyd, *Ideals as Interests in Hobbes's Leviathan: The Power of Mind over Matter*, Cambridge: Cambridge University Press, 1992 がある。

（4）以下、ホッブズの著作への参照要求は次の略号によって行う。

EL＝『法の原論』（*The Elements of Law Natural and Politic*, ed. by Ferdinand Tönnies, with a new Introduction by M. M. Goldsmith, London: Frank Cass, 1969）（数字はそれぞれ、部・章・節を表わす）。

DCi＝『市民論』（*De Cive: The Latin Version*, edited by Howard Warrender, Oxford: Clarendon Press, 1983）（数字はそれぞれ、章・節を表わす）。

Lev＝『リヴァイアサン』（*Leviathan*: A Critical Edition by G.A.J. Rogers and Karl Schuhmann, Bristol: Thoemmes Continuum, 2003）（数字はそれぞれ章・パラグラフを表わす）。

DCo＝『物体論』（*De Corpore: Elementorum Philosophiae Sectio Prima*, Édition critique par Karl Schuhmann, Paris: Vrin, 1999）（数字はそれぞれ、章・節を表わす）。

DH＝『人間論』（*De Homine*, *Opera Philosophica Omnia*, vol. II, Reprint edition, Bristol: Thoemmes Press, 1997）（同上）。

（5）ホッブズの「自然法」を厳格な「義務の命令」と捉え、その背後に「神の命令」を読み取ろうとする、いわゆる「テイラー・ウォレンダー・テーゼ」である。cf. A. E. Taylor, "The Ethical Doctrine of Hobbes", *Philosophy*, vol. XIII, no. 52, 1938, pp. 406-24, Howard Warrender, *The Political Philosophy of Hobbes: His Theory of Obligation*, Oxford: Clarendon Press,

1957.

(6) たとえば、R. E. Ewin, *Virtues and Rights: The Moral Philosophy of Thomas Hobbes*, Boulder: Westview Press, 1991 や、David Boonin-Vail, *Thomas Hobbes and the Science of Moral Virtue*, Cambridge: Cambridge University Press, 1994 がある。なお、こうした「徳倫理」的解釈の可能性を、それ以前のさまざまな解釈類型と対比しつつ丹念に検討した論考として、木島泰三「ホッブズにおける『性格的徳（Moral Virtues）』について」日本倫理学会編『倫理学年報』第四九集、二〇〇〇年、七一―八四頁 がある。

(7) もっとも、実際のオオカミは社会性が強く、同種同士の殺し合いはまずしないそうなので、よりによって人間から残忍さや貪欲さの象徴にされていると知ったら、ずいぶん憤慨するに違いない。

(8) ユーウィンがこうした点を強調している。かれの解釈では、ホッブズが「自然状態」の想定によって行おうとしていたのはある種の「背理論法」であって、何が欠けてしまうことによって人間的生活が不可能になってしまうのかを明示するために、もともとありえない状態として仮構されたのが人間の「自然状態」であった、とされる。cf. Ewin, *op. cit.*, ch. 4.

(9) レオ・シュトラウス著／添谷育志・谷喬夫・飯島昇藏訳『ホッブズの政治学』みすず書房、一九九〇年、一二―一六頁（Leo Strauss, *Gesammelte Schriften, Bd. 3: Hobbes' politische Wissenschaft und zugehörige Schriften-Briefe*, Hrsg. von Heinrich und Wiebke Meier, Stuttgart-Weimar: Metzler, 2001, S. 21-25)

(10) 同書、一六頁（S. 24）。

(11) 同書、一八―三四頁（S. 26-41）。

(12) シュトラウスの解釈のより詳細な検討と批判については、次の拙稿を参照されたい。「承認への欲望と死の恐怖――レオ・シュトラウスのホッブズ『自然状態』論解釈をめぐって――」『同志社大学ヒューマン・セキュリティ研究センター年報』第二号、萌書房、二〇〇五年、一四〇―一六四頁。

(13) 「新共同訳」による。

(14) C・B・マクファーソン著／藤野渉・将積茂・瀬沼長一郎訳『所有的個人主義の政治理論』合同出版、一九八〇年、「第二部 ホッブズ 市場の政治的義務」（C. B. Macpherson, *The Political Theory of Possessive Individualism: Hobbes to Locke*, Oxford: Oxford University Press, 1962）。

(15) マクファーソンの解釈の詳細な検討と批判は、次の拙稿において行っている。「『力の市場』と承認への欲望――マクファーソンのホッブズ解釈をめぐって――」日本倫理学会編『倫理学年報』第五五集（二〇〇六年）三三―四七頁。なお、そこでの論述の一部を本章でも「再利用」している。

(16)「戦争状態」についての以下の有名な叙述においてホッブズが列挙している、人間の生活から奪われてしまうものの一覧が、このことをよく表わしている。「そのような状態の中では、勤労の余地はない。勤労の果実が不確かだからである。したがって土地の耕作もない。航海も、海外から輸入される商品の利用もない。便利な建物も移動手段も、大きな力を必要とするものを動かす道具もない。地理についての知識もなければ時間の計測もない。芸術も学問も社交もない。そして何より悪いことに、継続的な暴力による死の恐怖と危険が存在し、人間の一生は孤独で貧しく、不快で粗野で短い」(Lev. 13. 9)。

(17)さしあたり、プラトンの『プロタゴラス』でプロタゴラスが披露していたプロメテウス神話の改訂版(320D-322D)と、ヒュームが『人間本性論』の中で展開していた正義の起源をめぐる議論(第三巻第二部第二節)とを挙げておく。

(18)ホッブズは、「恩恵を与える点で誰が優っているかの競争」を、「可能な限りもっとも高貴で有益な争い」と呼んでいる(Lev. 11. 7)。

(19)有名なところではマンデヴィルの「私人の悪徳は公共の利得」や、アダム・スミスの「神の見えざる手」が想起されよう。ちなみにデカルトも、エリザベト宛書簡(一六四五年一〇月六日付)で次のように書いている。「神は事象間の秩序をしっかりと確立して、人間全員をとても緊密な社会関係で結びつけているので、たとえ各人が自分自身のことしか考えず、他人に対する慈愛などまったくもち合わせていなくても、道徳がすたれていない時代に生きていさえすれば、当人が思慮を用いて自分の力のおよぶ限りのことをなすなら、普通はそれでそのまま他人のために尽くすことになるのです」(A. T. IV. pp. 316-7)。もっとも、自分が認められないつらさなどとはおよそ無縁であったに違いないデカルトが、ここで承認への欲望のことまで念頭に置いていたかどうかは、定かではない。

(20)進化論とはむろん関係はないが、世代を超えた承認への欲望について、ホッブズは「死後の名声への欲望」さえ「決して虚しくはない」と指摘している。なぜなら、「死後の名声」それ自体を予見するばかりか、それが「子孫にもたらすかもしれない恩恵」を予見することからも、人は「現在のよろこびを得ることができるのだから」というのである(Lev. 11. 6)。確かに、まだ見ぬ他者たちにもたらしえる「恩恵」を想像して「現在のよろこび」とする人々がいなければ、人類の歴史はずいぶんと貧弱なものになっていたに違いない。

(21)ローレンツの動物の攻撃衝動についての研究に基づいた興味深い考察を参照した。コンラート・ローレンツ著/日高敏隆・久保和彦訳『攻撃　悪の自然誌』みすず書房、一九七〇年。

(22)ひとりひとりの個人の成長の現場においてこのギャップを埋めるための工夫が、「しつけ」や「教育」ということになるのだろう。「人間が社会に適したようになるのは、自然本性によってではなく、訓育（disciplina）によってである」（DCi. 1. 2. n. 1）。ちなみに、ホッブズは『人間論』において、人間の「性向」（ingenium）は、身体の状態、経験、習慣、運、自己についての見方、さまざまな権威、という六つの要因によって変わりうるとした上で（DH. 13. 1）、特に習慣によって「人間の自然本性が最初には抵抗を示したものも、しばしば繰り返されると自然本性を屈服させること」が可能であり、それは「初めのうちはとにかく耐えるように、だが、やがては愛するように強いる」と述べている（DH. 13. 3）。さらに、「性向が習慣づけによって強化され、容易に理性の抵抗もなしに行為に表われる場合には習性（mores）と言われる。習性はそれが善いものであるならば『徳性』と、悪いものであるならば『悪徳』と呼ばれる」としている（DH. 13. 8）。ここに、「徳倫理」的解釈が成り立つための場所が当然用意されているはずである。ただし、何が「徳性」であり、何が「悪徳」であるかは、自然法論によって初めて明らかにされるべきことがらであった。

(23) 『法の原論』、『市民論』、『リヴァイアサン』の三著作のそれぞれ対応する箇所では、最初に執筆された『法の原論』においてのみ、「自分たちの間の平等性を認めるべき」（ought to admit）という表現が用いられている。

(24) 『リヴァイアサン』での配列にしたがえば第九の自然法が「各人は他者を生まれながらに自分と平等な者と承認せよ」と命じることになる。ホッブズはその理由を、人間の間には生まれながらに支配するのがふさわしい者と奉仕するのがふさわしい者とがあることを認めたアリストテレスを批判しつつ、次のように説明している。「もしも自然が人間を平等に作ったのなら、その平等性は認められるべきである。だが、もしも自然が人間を不平等に作ったとしても、自分たちを平等と考える人々は平等な条件でなければ平和な状態に入ろうとはしないのだから、そのような平等性は認められねばならない」。この戒律を破ることが「高慢」（Pride）であるとされている（Lev. 15. 21）。ちなみに、続く第一〇から第一三の四つの自然法は、いずれもこの「平等な条件」に関するものである。

(25) 結果的に、『法の原論』や『市民論』では、「戦争状態」の第一の原因として最初に指摘されていた、平等性を認めない者たちの「自惚れ」や「野心」や「虚栄心」は、『リヴァイアサン』ではそれほど目立たない位置に後退することになり、最初に「能力の平等」から「希望の平等」による相互の「不信」が、さらに相互不信から先制攻撃の合理性による「戦争」の必然性が導出される、というよく知られた叙述形式が取られることになった（Lev. 13. 1-5）。

(26) われわれはすでに「力の市場」というフィクションについて、それと断ることなしに同じような解読を行っていた。

(27) この点では、「理性の法」としての自然法の存在をまずは自明の前提とした上で、自然権を自然法によって行使が認められる権利として語る構えを一貫して崩していない『統治論』でのロックと好対照をなしている。

(28) たとえばマーティニッチは、「自然権」の概念は「論理的には余計なもの(superfluous)に見える」と述べている。ホッブズにとってはより重要であった「自然法」を説明するために、それとコントラストをなす術語としてレトリカルに利用されているにすぎない、というのである。A. P. Martinich, *A Hobbes Dictionary*, Cambridge and Oxford: Blackwell, 1995, p. 264.

(29) なお、「自然状態」についての叙述の仕方が変更されていることから、『法の原論』と『市民論』に対して『リヴァイアサン』ではホッブズが自然権や自然法そのものについての見解を大きく変えている、という解釈が成り立つ可能性もある。たとえば秋元は、ホッブズは『リヴァイアサン』に至って初めて、伝統的な自然法思想の影響を完全に脱却した「近代個人主義」的な「自然権」理解を確立した、と論じている(秋元ひろと「自然なき自然権――ホッブズの自然権論と近代個人主義」哲学会編『ドイツ観念論再考』(『哲学雑誌』第一一九巻第七九一号)有斐閣、二〇〇四年、一一一―一二五頁)。本来ならば当然詳細な検討を要する解釈であるが、残念ながら今はその余裕がない。なお、本章での考察は、(あくまで暫定的にではあるが)三著作の間に見られる説明や叙述形式の差異はホッブズの着想の本質的な部分に関わるものではないとする「伝統」的な立場からなされている。

(30) ホッブズの自然権が「自己保存」の権利である、という一般に自明視されてきた理解はしたがって間違いではないが、それだけでは不充分なのである。「他者」に対して承認されるべき自由として導き入れられているという点が抜け落ちてしまうと、それが「権利」として捉えられていることの意味も、「自然法」が課す「義務」の起点としてあえて据えられていることの意味も、いずれも不明瞭になってしまう。だからこそウォレンダーの、自己保存の権利からはホッブズが「自然法」に認めている「義務づけ」の力は出てきようがないのだから、自然法が課す義務の源泉は別のところ(神の命令)に求められねばならない、という指摘が一定の説得力をもってきたのである(cf. Warrender, *op. cit.*, pp. 212-221)。

(31) もちろんホッブズ的な承認の相互性の中では、ただちに対称的な反転が起こってしまうだろう。たとえば、「あなたが信約を履行しないのなら私だけが履行する義務はない」(まずあなたの方が私の権利を認めるべきだ)、あるいは「私が信約を履行したのだからあなたも履行へと義務づけられる」(あなたも自分の義務を果たすべきだ)、といったように。しかし、それでも「権利」上は、この関係性の起点となるのはあくまで私が他者に対して認める自由であって、他者が私に対して認めてくれる自由ではない。この点は、『リヴァイアサン』では先に引いた権利の相互譲渡を命じる「第二の自然法」の中に痕跡をとどめている。自然法によって制限されるべき私の自由の範囲は、他者に対して認められる自由を尺度として決まるのであって、逆ではないのである。

だが、それでも、なぜ私の方が他者の権利を承認しなければならないのか、と問われたらどうなるのか。おそらく、あなたもまたかつて他者たちからその権利を承認された「誰か」の中のひとりだったからだ、とホッブズなら答えるしかないだろう。私は「自然状態」を経験しなかったからこそ今現に生きているはずだからである（cf. DCi. 1. 10. n.）。むろん、この場面では対称的な相互性は成り立たない。私を信約の履行へと義務づける先なる履行は、常にすでに別の「誰か」によってなされてしまっているからである。

(32) このことが現実化するためには、しかし、自然法は単に強制力をもった「国家の法」として具体化されているだけではなく、（少なくともある程度は）人々の習性の中に「徳性」としても組み込まれている必要があるだろう。ホッブズはそうした徳性の一切は、結局は「正義と慈愛の中に含まれている」と述べることになる（DH. 13. 9）。

(33) ホッブズ研究者たちをしばしば困惑させてきたかれの「義務」についての錯綜した議論は、「テイラー・ウォレンダー・テーゼ」の信奉者たちが考えてきたように自然法に「神の命令」としての性格を付与することによってではなく、言語や理性使用も含めた上での人間的生の存立構造に関するホッブズの洞察全体を読み解く中から解釈される必要があるように思われるが、詳細な検討は他日を期したい。なお、最後にホッブズの道徳哲学についてのさまざまな解釈類型の対立について付言しておけば、ホッブズにとっての問題は繰り返し述べてきたように、平和な共同社会の存立条件としての倫理と政治のありようを誰にとっても明らかな仕方で示すことであって、理論として純粋な道徳体系をいかに整合的に導き出すか、という現代の規範倫理学者たちが競い合っている目標はホッブズのものではなかった、ということが銘記されるべきであると思われる。

第2章　スピノザ、国家形成の原理としての感情

はじめに

スピノザは『エチカ』において、「諸物の自然のなかで、理性の導きによって生きる人間ほど、人間にとって有益な個物はない」（EⅣ定理35系1Ⅱ二三三）と述べている。というのは、あるものの本性が自己の本性と一致しているならば、そのものは自己にとって必然的に善であるからである（EⅣ定理30・31Ⅱ二二九）。

スピノザによれば、本来人々は本性において一致している。しかし感情が邪魔をするために人々は対立し合う。そこで人々は、対立の原因を減らすために共同社会（societas communis）そして国家（civitas）を形成する。『国家論（*Tractatus Politicus*）』においては、もし理性の導きに従う力が人間の内にあれば人間誰しも賢明な生活を打ち立てるであろうが、各々は感情に引きずられるため、それの適わないことが、また、そのような不完全な人間が、あたかも理性に導かれるごとく、安寧に暮らす装置としての国家が語られる（TPⅠ第六節Ⅲ二七五）。その国家は、人間は自己保存のために、より大きな害悪を避けて、より小さな害悪を忍ぶことを選ぶという法則によって打ち立て

られるのである。この国家成立の原理を明らかにしているのが、『エチカ』第四部定理37備考2である。すなわち「この法則によって社会（societas）は形成されるだろう」。「更に法（lex）と自己保存の権能によって保障されたこの社会は国家（civitas）と呼ばれ、国家の権利によって守られる人々は市民（civis）と呼ばれる」（Ⅱ二三八）。また、『国家論』第一章第五節（Ⅲ二七五）では、人間は感情に隷属し、理性の教える道は困難であることが、『エチカ』によって証明されていると述べられている。このように『国家論』と『エチカ』は密接に関係しており、後者は前者を裏付けている。

本章では『エチカ』第四部定理37備考2（Ⅱ二三七）における国家成立に関する記述を使って、『国家論』の理解を深めることを目指す。そのために、なぜ人間は自然状態のままではいられないのか、なぜ国家成立の原理が感情であるのか、に焦点を当てる。

第一節では『エチカ』におけるスピノザの自然状態が、どのように規定されているのかを述べる。第二節においてはスピノザの理性について考察する。その結果、自然状態から国家成立への過程において、スピノザは理性に役割を与えていないことを見る。最後に第三節において、それではどのようにして自然状態から国家状態への移行は果たされるのかを、『エチカ』における感情についての諸定理の分析を通して明らかにする。

第一節　自然状態

スピノザによる自然状態とはいかなるものであるか。

全てのものは自ら存在し続けようとする。スピノザはこの働きを次のように説明する。「各々のものが自己の存在を堅持しようと努めるコナトゥス（conatus）は、そのもの自体の現実的本質（essentia actualis）に他ならない」

（EⅢ定理7Ⅱ一四六）。あらゆるものは自己の本質の必然的帰結として、すなわち自然権（jus naturale）によって存在し続けようと努力する（E定理37備考2Ⅱ二三七、TPⅡ第四節Ⅲ二七七）。ところが、人間の生存の努力は妨げられることがあり、常に自己の本性にのみ従うことはできない。それはなぜか。

『国家論』第一章第五節（Ⅲ二七五）においては、人は必然的に感情に隷属し、哀れみよりはねたみ、同情よりは復讐に傾くこと、更には他人が自分の意向に従うことを求め、その結果人々は互いに優位に立とうとして争いに巻き込まれる、と語られている。そしてこの感情への隷属が人間の自然状態である（EⅣ定理4系・定理37備考2Ⅱ二一三・Ⅱ二三七）。ではなぜ感情に隷属しているのであろうか。その理由と、自然状態における人間相互の対立について、『エチカ』第四部定理37備考2（Ⅱ二三七）に従って論じることにする。以下の各項目を手がかりに考察を進めよう。

①個物とは何か

スピノザは人間を他のあらゆるもの（res）と同じく個物として捉えている。では個物とは何であるのか。まず『エチカ』第二部定義7（Ⅱ八五）において、「個物（res singularis）とは、有限（finitum）であり、定められた存在（existentia determinata）を持つものと解する」と定義されている。個物とは唯一の実体である神（EⅠ定義3Ⅱ四五）の属性（EⅠ定義4Ⅱ四五）を、ある一定の仕方で表現している有限の様態なのである（EⅠ定義5Ⅱ四五、定理25系Ⅱ六八）。ところで神によって産出されたものの本質は、存在を含んでいないので（EⅠ定理24Ⅱ六七）、その存在は別のところから来る。

②個物における存在

それでは、それ自体では存在することができない個物は、現実にはいかにして存在し始め、いかにして存在するのだろうか。個物が永遠無限に存在するということはありえない。「個物とはその本質にのみ注目する時、我々が何ら必然的存在を与えるものも、必然的に（neccesario）存在を排除するものも見出さない限りで、我々が偶然（contingentia）と呼ぶものである」（EⅣ定義3Ⅱ二〇九）。すなわち存在と本質とが分離したものである。もののあり方には、永遠無限であるものと、偶然であるものとの二つがある。神の永遠無限の絶対的本性から直接生じる直接無限様態と、直接無限状態を媒介として生じる間接無限様態とである（EⅠ定理23証明Ⅱ六七）。個物としての現実の人間のあり方は、後者である。

③個物の現実的存在

では、ある個物が現実の存在に入るとすれば、それはいかにしてなのか。個物の存在は、個物自体の本質に属してはいないのだから、現実に存在する時には、自己以外の原因によって存在するように定められなければならない。個物は間接的には永遠無限の神を原因として存在するが、直接には他の有限な個物、言い換えればある個物に変状した神を原因として存在し、また作用するのである（EⅠ定理28Ⅱ六九）。個物の存在と本質は分離しているので、ある個物が間接無限様態として持続（duratio、EⅡ定義5Ⅱ八五）の状態にある時には、個物の本質は他の個物に規定されることによって存在を受け取る。ところで、現実化したものの本質は否定を含まない（EⅢ定理4Ⅱ一四五）ゆえに、現実化した個物は存在し続けようと努める。従ってこの努力すなわちコナトゥスは、その個物の現実化した本質、すなわち現実的本質（essentia actualis）なのである（EⅢ定理7Ⅱ一四六）。

④感　情

個物が何であるのか、またいかにして存在するのかということを理解すれば、個物は受動を免れえないことが分かる。その理由は、先に説明したように、個物はその本質に存在を含んではおらず、偶然のものであるということと、『エチカ』第四部公理（Ⅱ二一〇）から明らかである。すなわち、「自然のなかには、更に有力でより強力な他のものが存在しないようないかなる個物もない。何らかのものが存在すれば、そのものを破壊しうる、更に有力な他のものが常に存在する[1]」。従って、人間は精神も身体も同様に、他のあらゆる個物との相互の影響関係を免れることはできず、常に受動状態にあるのである。「人間は常に必然的に受動であることを免れず（hominem necessario passionibus esse semper obnoxium）」、何よりもまず自然の一部であって、自然の法に従うのである（EⅣ定理4系Ⅱ二一三）。

①②③で述べた個物相互の規定関係から、④の、感情とは何であるかという問に答えることができる。人間精神を構成している観念の対象は、実在の身体であり（EⅡ定理13Ⅱ九六）、「観念の秩序と連結とはものの秩序と連結と同じである（Ordo, et connexio idearum idem est, ac ordo, et connexio rerum）」（EⅡ定理7Ⅱ八九）ので、精神と身体とは対応している。そして「感情とは、身体の作用する力を増しまたは減じ、あるいは促進しまたは妨げる、身体の変状であり、同時にこの変状についての観念である」（EⅢ定義3Ⅱ一四四）[2]。すなわち感情とは、人間が身体に被る変化とそれについての観念であり、外部の原因によって引き起こされるのである。

この身体の変状の変化こそが、精神の感情としての喜び（laetitia）悲しみ（tristitia）を意味する。より大きな完全性へ移行することが個物にとって喜びであり（EⅢ諸感情の定義2Ⅱ一九一）、より小さな完全性へ移行することが悲しみである（EⅢ諸感情の定義3Ⅱ一九一）。自然状態において、人々は自己の本性に従って自己保存に努め、自己保存の力の増減あるいは促進・抑制に従って喜びあるいは悲しむ。更に、その「喜びあるいは悲しみという観念」についての観念が善（bonum、EⅣ定義1Ⅱ二〇九）あるいは悪（malum、EⅣ定義2Ⅱ二〇九）である。

「自己の存在し作用する力の増減ないしは促進・抑制についての観念」すなわち感情についての観念が人間の善悪の認識を構成する。喜びと悲しみの認識が善と悪と呼ばれるのである（EⅣ定理8Ⅱ二一五）。すなわち、「我々が何かを努力し、意志し、欲求し、欲望するのは、我々がそれを善と判断するからではなく、反対に、それを努力し、意志し、欲求し、欲望するから、我々はそれを善と判断するのである」（EⅢ定理9備考Ⅱ一四七）。

スピノザは基本となる感情を三つ挙げたが、喜びと悲しみに加え、三つ目の感情が欲望（cupiditas）である。欲望とは、既に述べた、存在を維持しようとする現実的本質である努力としてのコナトゥスである。「欲望とは、人間の本質が、人間の本質の与えられたおのおのの変状によって、ある行為へと決定されると考えられる限りにおいて、人間の本質そのものである」（EⅢ諸感情の定義1Ⅱ一九〇）。人間はコナトゥスによって、可能な限り、自己の存在の維持に役立つことを求め、また行うように定められているのである。

これまで述べてきた感情は、受動的感情（affectus, qui passiones sunt）である。というのも、人間精神の形相的存在（esse formale）を形成しているのは、外部の物体の観念も含んだ、実在の身体についての複雑な観念である（EⅡ定理13・15Ⅱ九六・一〇三）。そのゆえ、ある身体の変状についての観念は、他の物体の観念をも含んでいるゆえに、実在の身体自体についての十全な認識を含んではいない（EⅡ定理27Ⅱ一一二）。すなわち間接無限様態の秩序に従っている限り、精神は十全な観念を持ってはおらず（EⅡ定理29系Ⅱ一一四）、この時に精神は受動である。受動である感情とは、これである。

確かに『エチカ』第三部定理58と59（Ⅱ一八七・一八八）は、受動ではない能動の喜びと欲望について述べている。すなわち十全な観念を持つことの喜びと、より多く十全な観念を持とうとする欲望である。このことは後で説明する。

というわけで、感情に従う状態は受動状態である。ところで、「受動である感情に隷属している限り、人々は反目し合いうる」（EⅣ定理34Ⅱ二三一）ということが次の理由から帰結する。(3) 人間は自己保存に努めることが本性であるから、人間の存在と行動能力が妨げられたり減少させられたりすると、悲しみを覚える（EⅢ諸感情の定義3および説明Ⅱ一九一）。そして人間は悲しみの原因を憎み（EⅢ諸感情の定義7Ⅱ一九三）復讐をなそうとする。もしある人間Aがある人間Bの悲しみの原因であるならば、BはAを憎む。そしてBはAに仕返しをしようとする（EⅢ定理39Ⅱ一六九)。または、Bが憎んでいるものに似たものをAが持っているならば、BはAを憎む(EⅢ定理16Ⅱ一五二)。また一方、Bが愛しているものをAが支配しているならば、BはAを憎む(EⅢ定理32・備考Ⅱ一六五)。このようなことの連鎖が感情に隷属している人間の間には絶えないので、人々は常に対立し合うということになってしまう。

悲しみの原因がなくならない限り、人々は憎み合い対立し合うのである。受動を免れえない人間の自然状態とは、受動である感情に隷属している状態に他ならない。そのような自然状態にある限り、人々が一致して協力することはできない。そこではもはや生存は保障されない。更には、異なる複数の人間は同一の対象から異なる影響を受けうるのであり、同一の人間が同一の対象に影響される場合でさえも、時が異なれば別様に影響されうる(EⅢ定理51Ⅱ一七八)。人々が受動である感情に隷属している限り、個々人は不安定で常に変化するのだから、常に互いに本性において一致することはできない(Ⅳ定理33Ⅱ二三一)。そして、人々は受動的感情に隷属している限りで、対立し合う(Ⅳ定理34Ⅱ二三一)。「ある人の本質(essentia)が他の人の本質とは違っている(differre)のと同じく、各個人の感情は何であれ、他の人の感情とは調和しない(discrepare)」(EⅢ定理57Ⅱ一八六)。

ところで、本質(essentia)が、あるいは本性(natura)が一致する、しない、ということを述べたが、そもそも本質と本性は何であるのか。第一に本性の説明を、第二に本質の定義を挙げる。

第一部定理8備考(抜粋、Ⅱ四九)「それぞれのものの真の定義は、定められたものの本性以外の何ものも、含まず、表現しない」。

第二部定義2(Ⅱ八四)「あるもの(aliqua res)の本質には、それがあれば必然的にあるものが置かれ、それがなければ必然的にあるものが取り去られるもの、あるいは、それなしにはあるものが、反対に、あるものなしにはそれが、存在することも考えられることもできないもの、が属すると言われる」。

本性と本質は、あるものの特徴を決定付け、あるものを現実にそうあるようにさせる。これについてはまず、個々別々の個物の本性と本質とが思い出される。それから、人間、木、犬などと言う場合の、種としての本性と本質がある。後者には、人間と犬は更に動物の内に含まれ、木は植物に含まれるというように、様々な段階がある。同一の種類の複数のものに共通する本性と本質は、共通概念(notiones communes)[4]として考えることができる。そのように考えれば、先述の他の人と本質は違っているという『エチカ』第三部定理57(Ⅱ一八六)にあるように、人々は個物としては異なるが、種としては一致することができる。ゲルーは次のように述べている。「種を構成する本質と、共通で固有の特性(propriété)とは、異なる仕方で知覚された、同一のものである。共通で固有の特性はものの種別的構造をよく表現し、その結果、ものの種別的本質をよく表現する。それにもかかわらず、理性は種別的本質を、内側からではなく外側から知覚する限りで、特性としてしか認識しないのである」(SA三四三)。本性は本質とほぼ同じであることは、やがて本章第二節で示すように、『エチカ』第四部定理35(Ⅱ一八一)から言うことができる。

対立し合う人々は、個物としてではなく人間という種として本質を同じくするのだから、必ず一致することができるはずである。ただし、『エチカ』第二部定理37(Ⅱ一三五)に明記されているように、個物の本質は共通概念ではないことは念のため付け加えておく。人々は一致協力し合うことから、自己保存の促進を得ることができる(EⅣ定理35備考Ⅱ二三四)。種として全ての人に共通する本質、本性の範囲内において人々の一致した状態が、理性に基づく共同社会である。次の第二節で詳しく述べるように、人々は能動状態にある時には種としての本性において一致することができる。

第二節　理性の働き

ここではスピノザの理性概念について吟味し、そこから帰結する理性による人々の一致の可能性について考察する。

まずスピノザの理性とはいかなるものであるのか。それは、「共通概念とものの特性についての十全な観念(notiones communes, rerumque proprietatum ideae adaequatae)」を持つことによる、ものごとを熟考する仕方である(EⅡ定理40備考2Ⅱ一二二)。共通概念を基礎としている限り、理性は個物についての一般的認識しか持ちえない。理性によって知ることができるのは、様々な個物に共通するもの、すなわち属性と特性と、その属性と特性の認識から推論的に導き出される一般的事柄である。理性によっては、ある個物を個物たらしめている本質を認識することはできないのである(EⅡ定理37・定理40備考2Ⅱ一一八・一二二)。

人間は理性に従う時、十全な観念を持っている。人間精神の本質を構成している観念のあるものは十全であり、あるものは非十全である(EⅢ定理3・証明Ⅱ一四四・一四五)。十全な観念がありうるのは、次の理由による。あらゆる物体は延長属性と運動において一致することができ(EⅡ補助定理2Ⅱ九八)、あらゆるものに共通のものは十全にしか認識されえないからである(EⅡ定理38Ⅱ一一八)。精神は身体についての観念であり、どんな物体についても、延長属性と運動・静止という他と共通するものはあるので(EⅡ補助定理2Ⅱ九八)、精神は共通概念を持つことができるからである。ところで、「感情とは人間身体の変状についての観念」に他ならないから、従って、いかなる感情についても、明晰判明な観念は形成されうるのである(EⅤ定理4・系・備考Ⅱ二八二)。しかも真の観念を持つならば同時に、自己が真の観念を持っているということを知っているのである(EⅡ定理43Ⅱ一二三)。「身体変状の観念」の観念を形成することによって共通概念を作ることの可能性については、『エチカ』第二部定理20と21（Ⅱ一〇八・一〇九）から明らかである。すなわち人間精神は神の思惟属性の様態の一つであり、他のあらゆる神の様態についてと同じく、神のうちには人間精神についての観念もある。そしてその神のうちにある人間精神についての観念は、人間精神自体が人間身体に一致しているのと同じ仕方で、人間精神と一致しているので真である。また、このことを踏まえて、真なる観念の所有が、その所有の認識でもあることは、同書第二部定理43（一二三）に示される通りである。

以上から第一節で第三部定理58と59（Ⅱ一八七・一八八）に関して触れた、能動的感情が説明される。精神の本性は理解することに他ならないから（EⅡ定義3および説明Ⅱ八四）、十全な観念を持つ時、精神は自己がその観念の原因であり、能動的である。人間精神は十全な観念を持つことによって喜び、そしてまたその観念を持っているということを知っているということによっても喜び、更に十全な観念を持とうとする欲望を持つのである（EⅢ定理53Ⅱ一八二）。従って、人間精神が能動に関わる喜びおよび欲望を持つ時、精神は間接無限様態を通して、神の属性をはじめとする（EⅡ定理45・46・47Ⅱ一八二・一八四・一八六）共通概念を認識しているのである。言い換えれば能動に関わる感情とは、理性に従う場合の感情であるから、受動の感情とは次元が異なっている。

しかも他の人々の本性（natura）と共通する部分において能動なので、他の人々と種としての本性によって一致する。従って、理性によって人間が自己のために求めるものは共通概念によって認識されるゆえに、他の人々が種としての本性によって求めるものであり、必然的に他の人々にとっても善なのである（EⅣ定理31）。人間は理性の導きに従って生きるならば、必然的に他の人々との利益が一致し、他の人々を阻害することなしに、他の人々と一致し合うことができる（EⅣ定理35Ⅱ二三二）。なぜならば、この時人々に共通している利益とは、個々人の人間としての本性にそれぞれ一致しているからである。しかも人々は互いに一致協力し合う時、「自己の本性（sua natura)」に従う部分が増えるのだから（EⅣ定理35系1・2Ⅱ二三三）、それだけいっそう能動になるのである（EⅢ定義1・2Ⅱ一三九）。従って、自己のために行うことが他人のためにもなり、必然的に全ての人々の必要は満たされ、国家を必要とはしないのである。なぜならば、国家とは人々の対立の原因を取り除いて一致させる装置に他ならないからである。

ところが、十全な観念である理性は、感情を抑制し（coercere）えない（EⅣ定理17Ⅱ二二一）。理性の基礎は共通概念であり（EⅡ定理44系2証明Ⅱ一二六）、人間精神は理性によって、諸物を真として（EⅡ定理41Ⅱ一二二）、必然として認識する（EⅡ定理44Ⅱ一二五）。善悪についての真の認識であろうとも、その認識が真であるというだけでは、感情を抑制しえないのである（EⅣ定理14Ⅱ二一九）。その理由は、以下に述べるように、感情を抑制するのは感情であることと、自然状態においては個物が受動状態にあるということから帰結する。

まず、属性とは知性が実体について、実体の本質を構成するものとして認識するものであるから（EⅠ定義4Ⅱ四五）、属性はそれぞれ同一の実体を表している。従って、別々の属性相互の間には、作用を認めることはできない。言い換えれば、精神に何らかの影響を与えうるものは、同じく精神でなければならないということである。人間身体のある変状についての観念に影響を与えうるものは、同じく人間身体のある変状についての観念である。身体の変状の変化についての観念である感情は、それに対抗するより強力な、同じ様態としての感情によってでなければ、抑制されることも取り去られることもできないのである（EⅣ定理7Ⅱ二一四）。

しかし、真の認識を人間が持つならば、その認識から生じた欲望は能動であるはずだから、他の混乱した認識から生じる欲望を抑制しうるのではないだろうか。もし個物としての人間が善悪についての十全な認識から生じる欲望（cupiditas）に従うとしたら、この時には人間は自己を原因として、つまり自己のみによって説明されることを原因として、行為するということになる。つまりその時に人間は能動状態にあるということになる（EⅢ定義2Ⅱ

一三九)。

ところが、既に第一節で述べたように、人間は他のものからの働きを避けることはできない(EⅣ公理・定理2Ⅱ二一〇・二一二)。このことを説明するために、個物と他の個物との能動と受動の関係について、更に考えよう。「我々の内にあるいは我々の外に、我々がその十全な原因である何かが生じる時、すなわち我々の本性から我々の内あるいは我々の外に我々の本性のみによって明晰判明に(clare et distincte)理解されうる、何かが結果する時に、我々は能動的に行為する(agere)と言う。しかし反対に、我々が部分的にしかその原因でないような何かが我々の内に生じ、あるいは我々の本性から何かが結果する時、我々は働きを受ける(pati)と言う」(EⅢ定義2Ⅱ一三九)。受動の力は自己の力と比較された自己以外の原因の力によって定められる(EⅣ定理4Ⅱ二一二)。加えて、人間が自己の存在を保持する力は、無限に外部の原因によって凌駕される(EⅣ定理3Ⅱ二一二)。本性から生じたものであろうとも、他のものからの影響を受けるのである。このゆえに、能動である真の認識から生じる欲望の力と、受動としての感情から生じる欲望の力を比べれば、理性は自己のみを原因としているのに対して、感情は自己よりも強力な外部のものを原因としている。従って、感情から生じる欲望を理性に基づく真の認識から生じる欲望が抑制することは、次に述べる特別な場合を除いて、できないのである(EⅣ定理15Ⅱ二二〇)。

第三節　国家状態への移行

人間は自己保存ができなくなる最悪の事態を避けるために、ある程度の不利益には甘んじて、他の人々と一致協力するということを、スピノザは共同社会成立の原理として認めている(EⅣ定理37備考2Ⅱ二三八、TPⅢ第三節Ⅲ二八五)。しかし国家状態への移行における理性の役割は認めなかった。では、どのようにして国家状態へ移行すると考えるのか。

既に述べたように国家成立の原理は、『エチカ』第四部定理37備考2（Ⅱ二三七）において説明されている。そこでは、もしも人間が理性に従うことができるならば、必然的に他の人々と一致するということは述べられている。しかし、感情に隷属した人間の自然状態は能動ではありえない。そして自然状態で理性を働かせたとしても、受動から能動に移行し人々が一致することは、一般的にはできないのである。万人が理性を働かせて受動状態から抜け出ることはできないので、スピノザは『国家論』において、万人に可能な解決の方法を論じたのである。その第一部第一節では、哲学者たちは現実の人間とはかけ離れた理想の人間を想像し、そのゆえに架空論やユートピアにおいてのみ可能な国家学を考えたとして批判している（TPⅠ第一節Ⅲ二七三）。人々を一致させるにはどうすればよいのか。そのためには人々の不一致の原因を減少させればよいのである。それはいかにして可能であるのか。

確かに、『エチカ』第五部の前半部分で、神に対する愛（amor erga deum）について言及しながら言われているように、理性によって感情による受動状態を抜け出す可能性は残されている。しかし理性による道は困難であることは、『エチカ』と『国家論』の両方が認めているところである。「もし理性の導きに従って人々が生きることができるならば、他の人にいかなる危害も与えずに自己の権利を保持するだろう。しかし人間の力をはるかに超える感情に従っているので、そのためにしばしば、異なる方に引きずられ、相互の助け合いを必要としているにもかかわらず、互いに対立し合う」（EⅣ定理37備考2Ⅱ二三七）。「さらに我々の示したところによれば、理性はなるほど感情を制御し（coercere）、調節することはできる。しかし我々は同時に、理性そのものの教える道が実に峻険であることを見た」（TPⅠ第五節Ⅲ二七五、畠中訳一五頁）。

対立を減らすためには、人々の悲しみの原因を減少させればよいのである。人間は自己の喜びに寄与すると考えられるものを促進することに努め、反対に悲しみの原因と考えられるものを破壊しようと努める（EⅢ定理28Ⅱ一六一）。人々がそれぞれに、自己の利益を妨げる他人に危害を加え、またそれに対する復讐を被害者がなす、その行為を思い留まることができればよいのである。これを次のことが可能にする。「誰かを憎む人は、自己により大きな害悪が生じることを恐れなければ、その人に害悪を加えようと努める。そして反対に、誰かを愛する人は、同じ法則によって、その人に善をなそうと努める」（EⅢ定理39Ⅱ一六九）。より大きな害悪を被ることが予想される場合には、自己保存の必然性に従って、自己の力能を増やすために、人間は他人に害悪を加えることを思い留まるのである。

こうして対立の原因が抑制されるほど、人々の間には人間としての本性に従った本来の一致が増える。人々は本来、種として本性を同じくしているので、対立の原因さえ取り除かれたならば、相互に一致した状態に自然になるのである。他人に害悪を加えることを思い留まらせる感情は第一に、自己の存在の力を減少抑制させられることへの恐怖である。より大きな恐怖を与える装置が国家である。『国家論』においては次のように国家の働きが述べられている。「国家状態は本来共通の恐怖を排除し、共同の不幸を排除するために建てられる。従って国家状態は、理性に導かれる人間も自然状態においては果たそうとして果たしえない（前章の一五節より）ことをこそ最も意図しているのである」（TPⅢ第六節Ⅲ二八六、畠中訳三九頁）。

人間の種としての本性に従うことは、国家状態においてこそ初めて可能になるのである。すなわち、「人類に固有なものとしての自然権は、人間が共同の権利を持ち、住みかつ耕しうる土地をともどもに確保し、自己を守り、あらゆる暴力を排除し、そしてすべての人々の共同の意志に従って生活しうる場合においてのみ考えられるのである」（TPⅡ第一五節Ⅲ二八一、畠中訳二八頁）。以上のように、人々と協調することが、自己の利益に鑑みれば得策であるという認識は、理性による判断ではなく、自己保存に依拠する感情によってなされるのである。しかも結果として、国家において保たれる状態は、理性に一致するのである。

おわりに

スピノザは、本来人々は人間としての本性において一致しており、理性の導きに従うことができるならば、必然的に一致することを認めている。スピノザのように理性を捉える限り、人々が理性に従うことができる場合には、国家は不必要である。しかし人々は自然状態として受動状態にあり、対立し合っている。国家が対立の原因を取り除く装置として現れ、人々はより大きな害悪を避けるためにより小さな害悪を受け入れ、人々は理性に従う場合と同じような相互の一致を獲得して、生活の安寧を得るのである。国家成立の原理をこのように考える限り、国家機構自体に特殊な権威を付与することはできない。必要に応じて成立原理に立ち返り、国家を形成し直すことは肯定されるのである（TPⅤ第二節・Ⅵ第二節Ⅲ二九五・二九七）。すなわち、国家の限界をスピノザははっきりと認めているのである。個々人の個物としての内面に国家が立ち入ったり、悪をなさない個々の構成員の安全を脅かしたりするならば(5)、国家は独裁者となり、人々の生存を保障するという国家本来の目的からは離れてしまう。国家には踏み越えてはならない範囲があるのである。

注

スピノザからの引用は *Spinoza Opera*, im Auftrag der Heidelberger Akademie der Wissenschaften Herausgegeben von Carl Gebhardt, Heidelberg: Carl Winters Universitätsbuchhandlung, 1972, 5 Bände. を使用し、以下に示す略号で書名、ローマ数字で部と全集巻数を、最後に頁数は漢数字の順で本文中に示した。他の文献は以下の略号と頁数で示した。必要に応じて引用の邦文中に原語を挿入した。

E: Ethica.

TP: Tractatus Politicus.
SA: Martial Gueroult, *Spinoza II L'Âme*, Aubier-Montaigne, Paris, 1974.
邦訳に関しては次のものを適宜参照させて頂いた。
畠中尚志訳『エチカ』上・下、岩波文庫、二〇〇二年、ならびに『国家論』岩波文庫、二〇〇四年。
また仏訳として次のものを参照した。
Spinoza, *Éthique, Texte original et traduction nouvelle par Bernard Pautrat*, Paris, Édition du Seuil, 1988.

（1） Nulla res singularis in rerum natura datur, qua potentior, et fortior non detur alia. Sed quacunque data datur alia potentior, a qua illa data potest destrui.
（2） Per Affectum intelligo Corporis affectiones, quibus ipsius Corporis agendi potentia augetur, vel minuitur, juvatur, vel coercetur, et simul harum affectionum ideas.
（3） Quatenus homines affectibus, qui passiones sunt, conflictantur, possunt invicem esse contrarii.
（4） 共通概念には二種類が見られる。いかなる個物の本質も構成しない、ゲルーの言う「普遍的共通概念（notions communes universelles, SA327）」と、ある複数のものに共通し、その種類を特徴付ける、同じくゲルーの言う「固有の共通概念（notions communes propres, SA335）」とである。前者は『エチカ』第二部定理37（Ⅱ一一八）、後者は同書第二部定理39（Ⅱ一一九）がそれぞれ示している。
（5） 「臣民は、国家の力または威嚇を恐れる限りにおいて、あるいは国家状態を愛する限りにおいて、自己の権利のもとにはなく、国家の権利のもとにある（前章の一〇節により）ということである。この帰結として、報酬あるいは威嚇によって何びともそれへ動かされえないような一切のことは国家の権利に属さないということが生ずる。たとえば誰も自己の判断力を放棄することはできない。というのは、いかなる報酬、いかなる威嚇をもってすれば人間は全体が部分より大きくないと信じたり、神が存在しないと信じたり、現に有限であるのを見ている物体を無限的有と信じたりするようにさせられえようか」（TPⅢ第八節、畠中訳四一頁）。以上から、社会の安寧を脅かさない限り、個人的好みなどの内面に介入する権利をも国家は有していないと考えられる。

第3章　責任と罪悪感
——レヴィナスにおける神学と倫理学のあいだ——

レヴィナスが『存在するとは別の仕方で』[1]において目指す目標は明白である。「他人との平和こそ何よりもまず私の問題である」（AQE 177）。そして、この目標は、実際には次の地点へと集束する。「この平和は、私の責任の下での平和、私を人質（otage）とする平和、命に関わるほどに多大なリスクを冒して、私がただ一人で確立すべき平和なのである」（AQE 212. 強調はレヴィナス）。つまり、『存在するとは別の仕方で』の議論は、「この私」がいかにして平和を担いうるか、という一点を目指して展開されるのである。

そのために用いられる筋立ては、超越した他者からの召喚による、自我もしくは存在という〈帝国主義〉からの超脱、さらには責任と身代わりの倫理への転換というものである。それは、「他によって」から「他のために」への転換でもある。そして、その筋立ては、自我の自己中心性を担う感受性を感傷性と捉え直した上で、その感傷性において「自己に反して」（malgré-soi）外傷を被りうるという絶対的受動性を支柱とすることで可能になっている。この絶対的受動性が感傷性の痛点に局限されたとき、自我は避難所を失い、受動性のままに責任と身代わりへ、すなわち善良さ（bonté）へと至るのである。

しかしながら、こうした筋立て、すなわち我執を去って善良さあるいは「聖潔」（sainteté）へと至るという大筋自体は格別目新しいものではない。それは、既存の宗教の枠組みそのものだからである。そして、レヴィナス自身も、自らの倫理学が宗教に近似のものであることを否定しない。彼は、「存在に汚染されざる神の声を聴くこと」(note préliminaire X)と、「エゴイズムと利他主義を超えた自己の宗教性」(AQE 150)を掲げている。実際、レヴィナスは、議論のそこかしこに、比喩として「受難」(passion)、「受肉」(incarnation)、「罪」(culpabilité)、「贖い」(expiation)といった用語を鏤《ちりば》めており、その事情は、『全体性と無限』(2)でも『存在するとは別の仕方で』でも概ね変わらない。

だが他方、レヴィナスは、自らの哲学が宗教的であることは否定しないが、神学と混同されることは厳しく拒否する。その姿勢は『存在するとは別の仕方で』において際立っている。それは、他者の顔の曖昧さを否定神学と取ることへの拒否、さらに自己の責任が極まって身代わりへと至る際にまつわる「罪」を原罪と取ることの否定に表れている。

そこで本章の目的は、レヴィナスの倫理学のうちに見え隠れする宗教的見地を洗い出し、その地歩を明らかにすることである。それは、一方ではレヴィナスにとっての神かいかなるものか、他方では責任や身代わりの裏面に付き纏う人間の「罪」がいかなるものかを解明し、「この私」がいかにして平和を担いうるのかを詳らかにすることである。この考察は、レヴィナスの倫理学が宗教にどこまで接近し、どこから異なるのかを測る一助となろう。

第一節　無起源からの受肉

レヴィナスは、『全体性と無限』における全体性の破産を、『存在するとは別の仕方で』では存在すること自体の破綻へと徹底させ、西洋哲学における自我の概念そのものの転覆を図る。彼が批判の標的とするのは、存在することへの固執としての自己中心性であり、コナトゥスである。コナトゥスが否定されるのは、それがアレルギー性のエゴイズムの源であり、たとえコナトゥスを基盤とした個人同士が平和を創出しえたとしても、その平和は単なる交易もしくは政治的譲歩にすぎず、我執それ自体は消え去ることなく必ず未来において相殺されると考えられるからである（AQE 5）。

レヴィナスが、そうした我執を破産させるために用いる戦略は、まずは自己の感受性を感傷性と捉え直し、享受の自己のうちに既にある「自己に反して」という契機を見出すことである。その契機とは、享受の最中に被る苦痛であり、享受を遂行する身体自体の老いである。感傷性は、苦痛や老いによって遂行される「自己に反して」を感受しつつ、同じく「自己に反して」外傷を与える他性へと開かれる。外傷を与える他性とはまさしく他者のことであり、この他者が存在への我執を破産させる。では、こうした他者との遭遇がいかに「この私」を出来させるのか、それが何故「受難」、「受肉」と称されるのかを検討しよう。

レヴィナスにおいて、他者との遭遇の端緒は、他者の顔の公現である。他者の顔は「自己に反する」ものとして自己を強迫し、その衝撃を外傷として刻み付ける。ただし、この顔は、いつも既に自分自身の痕跡（trace）でしかありえない。というのも、他人の顔は、皮膚の重みを課せられて変質し、その皮膚自体も常に過去へとずれ続けるがゆえに、総合と同時性を拒むからである（AQE 123-124）。したがって、顔の痕跡とは、「自己の現れに臨在し、若さによって可塑性を穿つ至高の現前であると同時に、既に一切の現前の失墜、現象以下のものであり、自らの悲惨を秘匿しながら私に呼びかけ命令する貧困でもあるような両義的形態」（AQE 115）なのである。

この両義性（ambiguïté）ゆえに、顔は、既にして「過去」のものとして、私が到来するよりも以前に私に要請を突き付ける。「隣人は私を叩く前に私を叩く」（AQE 112）のであり、私はこの他者の痕跡に強迫されて、対格において「この私」として召喚されることになる。「この私」は、この召喚に応える責任を負うという仕方で主体性と自己性を得る。だが他方で、「私の現存は、召喚という極度の緊急事には応答しない」（*ibid.*）ゆえに、私は常に他者の召喚に遅れざるをえない。私は、この遅れゆえに告発され、罪あるものとなる。「あたかも私は、顔が死ぬことに対して責任を負い、自分が生き残っていることに対して罪を負うかのように」（AQE 115）責任を負い、あるいは、「私は……既に〔隣人に対して〕遅れており、遅刻という罪を負う」（AQE 110. 補足は引用者）のである。

ここでの他者からの告発は、もはや『全体性と無限』でそうであったように、享受の自己中心性に対してなされるのではない。「他人あるいは私の隣人からの強迫は、私が自発的に犯したものではない過ちについて、私を告発する」（AQE 117. 強調は引用者）のである。レヴィナスは、私は無罪である、と繰り返す。何故なら、他者が私を告発するのは、自己が生じる以前、意識や意志といったあらゆる能作が働く以前においてだからである。それゆえ、『存在するとは別の仕方で』において、私が罪を負うのは、あくまでも受動性に貫かれて顔の痕跡に遅れざるをえないという構制による。

しかし、「顔」の痕跡はさらに別の両義性をも孕んでいる。それは、痕跡が、痕跡それ自体の痕跡すなわち痕跡の仮面でありつつ、空虚のうちにある限りで無もしくは「感受性の純粋形式」でもあるという両義性である（AQE 118）。それゆえ、この両義性は謎であり、この謎ゆえに、召喚された「私」は顔に無関心であることができない。さらに、この両義性のうちで、無起源的なものである無限が、緊張と弛緩とを繰り返す。その限りで、私は、無起源なものである顔に到達することができない。したがって、「隣人に近づくほどに、私は隣人から遠ざかり」（AQE 119）、「応答するほどに、私が負う責任は重くなる」（*ibid.*）ことになる。これが「近さ」とレヴィナスが呼ぶ、主体と無起源なものとの関係である。「限りなく近づくもの」としての近さは構造として凝固することはなく、それゆえ、主体はある関係を構成し、この関係の一端とはなりつつも、常に関係の客観性の埒外に放逐される。この「近さ」という独特の関係について、レヴィナスは次のように問いかける。「関係は宗教となるのだろうか」

（AQE 104）。

このように問いかけられるのは、「近さ」という独特の関係ゆえに、私の背負う責任が、無起源から到来し、したがって先行する何らかの関与によって正当化されえないという、特異なものだからである。このことをレヴィナスは次のように表現する。「いかなる先験性もなく人を捕らえるものである限りで、〈受難〉は絶対的な〈受難〉である」（AQE 130）。しかも、私は、この受難において、無限の責任を担い、全面的な受動性に囚われ避難所をもたないままに、他者の苦しみや過ちすらも引き受けることになる。「自己の唯一性、それは他者の過ちを担うということ自体である」（AQE 143）。ここで、「他によって」の「他のために」への転換が起こり、これをレヴィナスは「身代わり」（substitution）と称する。

だが、「存在することの苦しみと過酷さのすべてが、それを支え、それを贖《あがな》う一点に重くのしかか」り（AQE 161）、無限の責任の剰余が私を身代わりへと至らしめるとしても、何ゆえそれが他者の苦しみや過ちまでをも引き受けることになるのか。

それは、忌避しえない他人の要請に促されて自己に再帰して凝縮して、自己性を得つつ、しかも自己で留まらずに手前にまで遡る絶対的受動性に由来している。「自己への再帰において、再帰は自己の手前にまで進みうる」（AQE 145. 強調はレヴィナス）。つまり、責任という無限の受難は、こうして自己の自同性の彼方の無起源性へと向かうのである。主体は自己からの離脱を余儀なくされ、自己の外へと追放される。だが、その追放先は空虚ではない。「再帰においては、自己の外への自己の追放は他人の身代わりになることである」（AQE 141）。そして、このような仕方でなされる〈自己〉への再帰を、レヴィナスは「主体の受肉の究極的な秘密」（*ibid.*）と述べる。この受肉とは、言わば自らの皮膚の内側にありながらそこに他人を宿すかのような、〈同〉を疎外することのない〈同〉の中の他性を意味している（AQE 146）[3]。身代わりとは、こうした受肉としてのみ可能な意味なのである。しかも、この受肉は、自己を蝕む悔恨（remode）を伴って、その受動性のうちで「告発されること」と「自己を告発すること」の区別をも消失させる（AQE 161）。

まさしく〈自我〉の不変性は、こうした〈自我〉に対する容赦のない告発、自由に先立って諸可能事に関わりなく突き付けられる要求によって得られる、自同性と他性の結合である（AQE 151）。そして、レヴィナスによれば、こうした身代わりとしての〈自我〉こそが、最初の「贖い」となる。他人の過ちのために苦しむこと、それがすなわち身代わりであり、他者のための贖いである（AQE 161）。だが、この贖いもまた、〈自我〉の意志には基づかない。何故ならそれは、他者からの迫害が転移したものだからである。つまり、身代わりという贖いもまた、絶対的受動性に貫かれているのである。

このようにして、「受難」と「受肉」によって、そしてそれが「贖い」となることで、〈自我〉が成就される。だが、その贖いとは、何に対する贖いなのだろうか。それは、存在しようとする努力（コナトゥス）、存在そのものに対する贖いであると考えられる。すなわち、レヴィナスによれば、「ある――〈存在すること〉の基底にある恐怖の永遠」（AQE 223. 強調はレヴィナス）であり、「存在することはあるの呟き――無意味に転じる」（AQE 208. 強調はレヴィナス）。しかるに、この不条理で無意味な「ある」の剰余が私を押し潰す限りで、その剰余は私の贖いを可能にし、また「ある」が「他性の全重量」（AQE 209）である限りで、他者の迫害は転じて贖いとなる。他人の身代わりになることで、自我はその唯一性と「意味」を得る。それゆえ、意味とは、存在することの破壊を指し、贖いは「存在することの一点の上にその残りの部分が重くのしかかり、この一点を存在することから追放すること」（AQE 161）にほかならない。レヴィナスにとり、こうした存在からの追放こそが身代わりという贖いであり、「倫理的解放」（déliverance éhtique）なのである（AQE 209）。だが、人間の「罪」と「贖い」については、最後にもう一度考察する必要がある。

第二節　超越せる神的なもの

この身代わりという「倫理的解放」において、存在への固執が破壊され「贖われ」ることで、レヴィナスの目的であった平和が成就される可能性が開かれる。ここに、レヴィナス自身の「関係は宗教となるのだろうか」（AQE 104）という問いかけを重ねてみるまでもなく、レヴィナスの叙述は既に十分に宗教的である。そして、宗教という限りは、その関係は自己と神の関係に比せられているはずである。では、レヴィナスによって神に相当すると考えられているものは何か。そこで、神に相当すると疑われるものを挙げて、順にその資格を検討しよう。

まず、身代わりに至るまで貫かれている絶対的受動性の端緒は、他者の顔とその迫害であるから、第一には、この他者が神の地位にあるのではないかと疑われる。この疑義は、『全体性と無限』において、レヴィナスが、自我の構制としてコギトを援用し、そのコギトの確実性の保証としてデカルトにおける無限の神を見出し、その絶対的外部性から「他者」の超越と無限を類推した、という経緯からも妥当なものだと考えられる。

しかし、『存在するとは別の仕方で』においては、他者の神への近似の事情はもう少し複雑になる。何故なら、『存在するとは別の仕方で』では、西洋哲学における存在論を基盤とした自我の批判が極限まで推し進められたことで、コギトという意識としての自我のあり方それ自体が捨て去られるからである。とはいえ、他者の強迫が一方的な触発であり、その強迫の結ぶ関係が、一人称で自己を語り、概念としての〈自我〉を逃れるという自我の内でのみありうるという際（AQE 106）、あるいは他者に対する責任が、私の自由の手前から起源を欠いたものとして課されるという際（AQE 12）、他者の絶対的な超越は神を想起させるに十分である。

ところが、『全体性と無限』では見られなかった「身代わり」の概念によって、この他者から神性は払拭される。

というのも、責任という身代わりにおいて、自同性は転倒され、自己は自己から切り離されるのだが、その際には、もはや〈他〉が〈同〉を制限することはなく、逆に〈他〉がそれの制限するものによって担われることになるからである。すなわち、「この最も受動的な受動性において、自己はあらゆる他人と自己から倫理的に解放される」(AQE 146)。このことが、自我のあり方に「神学的ではない」独特の帰結をもたらす。それは、神のごとき〈他〉によって救済されるのではなく、そうした〈他〉と同化するのでもなく、逆に私が〈他〉を支えることによって倫理的に解放されるという新たな構制である。レヴィナスにおいて、〈自己〉は一切の他者ひいては宇宙の重みに圧《お》し拉《ひし》がれて、それらのすべてに責任を負う。自らの自由を越えて責任を担うことが、宇宙を支えることに反転するのである。「絶えず告発する迫害にまで至る召喚の受動性において、……人質、責任、身代わりである私は、世界を支える」(AQE 164)。これが、レヴィナスの述べる「エゴイズムと利他主義を超えた自己の宗教性」(AQE 150)である。ここで描かれる他者にはもはや超越的な神の影はない。むしろ、私が担う圧倒的に重い負担の方が、「神的な窮屈さ」(inconfort divin)に比せられることになる(AQE 157. 強調はレヴィナス)。

これは、レヴィナスがいわゆる「神の死」を受け止めた帰結である。レヴィナスによれば、神の死が有している唯一の意味とは、欲動を生起させるあらゆる価値を、価値を生起させる欲動に還元する可能性である(AQE 158)。その意味で、神は、「神的な窮屈さ」に帰着する私の善良さのうちに還元されたのである。

しかしながら、レヴィナスの「宗教的な」倫理は、こうした自己と他者の間の身代わりをもって完結するのではない。というのも、その「関係」の外部には別の超越が想定されているからである。レヴィナスは次のように述べている。「〈善〉(Bien)からの自我への召喚という関係は、《神の死》の後も《生き延びる》」(AQE 158)。つまり、問題はこの〈善〉である。レヴィナスは、存在への固執を〈自我〉の帝国主義と呼ぶ一方、自我が絶対的受動性のままに身代わりへと至り、倫理の境位を得ることを次のように表現する。「〈自我〉からの……コナトゥスの努力とは逆向きの離脱、〔それが〕善良さ〔である〕」（AQE 21-22. 補足は引用者）。そして、近さにおいて、〈自我〉が〈他〉へと無限に接近する意味こそが、善良さである。しかも、この善良さを獲得することについては、「私が〈善〉を選ぶよりも先に〈善〉が私を選ぶ」（AQE 13）。つまり、レヴィナスにおいては、自己でも他者でもない〈善〉という項が設定されており、これが主格の資格で、自己が倫理的な境位に至る際に関わっている。そこで、第二の神的なものの候補として〈善〉が挙げられることになろう。

では、この〈善〉あるいは善良さとはいかなるものなのか。レヴィナスによれば、善良さは「自己に反する」ものであり、存在とは無縁のものとして存在に先立っている。「〈善〉と自我は、合致しえない項であり、そのあいだに同時性はなく、互いの差異は乗り越えられない」（AQE 157）。〈善〉は、言わば存在することの突端に出来し、存在とは他なるものとして、存在に内含されることはない。善良さとは異常性、法外さ、超越である（AQE 22）。「主体において、善良さは無起源性（an-archie）それ自体である」（AQE 176）。

だが、それにも拘らず、私は、自らの存在への固執を去り、身代わりという善良さへと至りうる。では、この私と、存在を超越した〈善〉とはいかに関わるのか。レヴィナスによれば、私は、他者の強迫と外傷を被ると、「被りうる容量を超える感受性の被ること」（AQE 160. 強調はレヴィナス）において耐えることを強いられる。このとき、「選択に供された善悪の二極性に先立ち、主体は、まさしく耐えることの受動性において〈善〉との関わりを見出す」（AQE 157. 強調はレヴィナス）。だが、ここで私が関わる〈善〉は、私の自由によって選択されたものではない。何故なら、私はこのとき、他者に対して責任を負っているのだが、その責任は私が選択したものではないからである。「自由に対する責任のこの先行性が、〈善〉の〈善良さ〉を意味している」（AQE 157）。すなわち、責任が自由に先立つ限りで、そこで得られる〈善良さ〉もまた自由に先立つ。

このことは、単に主体が絶対的受動性に貫かれているということ以上の積極的な意味をもっている。「私が

〈善〉を選ぶよりも先に〈善〉が私を選ぶ」（AQE 13）。あるいは、「主体性は自分も知らぬ間に〈善〉の光線に身を浸す」（*ibid.*）。これが、レヴィナスにおける、私と〈善〉との関わり方である。つまり、主格としての〈善〉の善良さこそが、主体性と存在の平衡を断ち、主体性に還元不能な意味を付与するのである。これが主体性の非自由の形式的構造であり、非自由は〈善〉によって例外的に贖われるに至る。

しかも、レヴィナスは、この〈善〉がイデアと解されることを退けて（AQE 67）、その特異性を強調している。その特異性とは、この無起源な〈善〉が、自らの引き起こす欲望を、その善良さにおいて隣人に対する責任へと向け変えるという点に存する（AQE 158）。ここにおいて、他者による迫害および召喚という「受難」から、責任を被り身代わりへと至るという「受肉」の筋道が、〈善〉による召喚から責任への筋道と重なり合うことが分かる。そしてさらに、「隠れたる〈善〉に私が服従することにおいて、善良さは私を包み込む」（AQE 151）。かくして、隠れた〈善〉が私を選び、それに私が服従するという仕方で、私は、他者の身代わりになるという贖いを成就させ、善良さへと至るのである。

このように見ると、他者に迫害され責任から身代わりへと至る筋道の背後に、超越的な〈善〉がその筋道を付けるべく働いているかのようである。しかも、その筋道を付すことが〈善〉の「選び」と称されている。先にも見たように、レヴィナスは、「神の死」の唯一の意味として、欲動を引き起こす一切の価値を、価値を引き起こす欲動に還元する可能性を認めたのだが、まさしくこうした〈善〉こそが、自らの引き起こした欲望を隣人に対する責任へと導くと述べている（AQE 158）。これでは、〈善〉が、いわゆる「神の死」の後、新たに神の位格を得たのではないかと疑われよう。

さらに、〈善〉と同様「近さ」においてレヴィナスが言及する、もう一つの神のごとき超越についても検討しておく必要がある。すなわち、「近さ」において、善良さとは、〈同〉の〈他〉への無限の接近の意味だと言われていた（AQE 175）。他方で、レヴィナスは、この接近という無限の行程を〈無限者〉（Infini）の栄光と称している（AQE 181）。つまり、「近さ」において、主体には〈善〉の善良さと、〈無限者〉の栄光とが与えられるのである。次に見るように、レヴィナスは、この〈無限者〉にも自己の身代わりへの道筋を託す。それゆえ、神的なものの第三の可能性として、この〈無限者〉を検討しよう。

レヴィナスによれば、〈無限者〉とは、それを主題化しようとする思考や言語から離脱する「彼性」（illéité）である（AQE 188）。この〈無限者〉の「彼性」は、内包されて「内容」と化すことのない限りで無限であり、それゆえ存在することの彼方である（AQE 187）。この〈無限者〉の証が、「迫害と外傷によって、帝国主義的でかつ邪悪な主体性を引き剥がされた自我は、逃避に好都合な暗闇を有することなく、曇りのない透明性のうちで《われここに》（me voici）に戻される」（AQE 186）際の、「われここに」である。この主体の召喚はまた、〈無限者〉の栄光に属す出来事でもある。そして、召喚された私が、絶対的受動性において、感受性の容量を超過する重みの下で〈語ること〉を炸裂させる際、それは実は、この〈無限者〉が私の内面性と化す「かのよう」にして、その内面性を〈同〉から〈他〉へと逆転させたものとされる（AQE 187）。レヴィナスによれば、ここで響く私の「内なる声」は、無限に外的な〈無限者〉が私を閉じ込めて私自身の声をして命じて、〈他者〉に合図しつつ内的秘密の分裂と徴《しるし》の贈与を告げる声なのである。

これが、〈無限者〉が「私の口を通じて私に命令する」仕方であり、「命令する相手の口を通して言い渡される命令」である（AQE 187）。そもそも〈無限者〉の命令は、「どこか分からないところ」から到来して、他者の顔を起点として迂路を取り、さらにはその痕跡の中で迂路をさえ迂回して、私を知らぬ間に触発する（AQE 15）。その命令は峻厳ではあるが、私に対して自己を晒すことなく、顔としての「隣人」に従うよう私の口を借りて命じるのみである（AQE 191）。こうして、命令に従う者が、その者自身の口の中で命令を響かせる仕方を、レヴィナスは

〈無限者〉によって息を吹き込まれたことの証と称する。この限りで、〈無限者〉は、〈語ること〉において生起すると共に、私を過ぎ越し、さらには自己自身を過ぎ越して過ぎ去る。したがって、〈無限者〉は、そのつど既に過ぎ去るものとして、現れることもなければ、現在であることもなく、ただ、その栄光が主体を現出させるという仕方で、予め称えられるのみである（AQE 188）。この命令は、外傷が留保なしに私に不法侵入することと同値であり、「他人のために」という服従のうちに刻印される。そして、その服従は、いかなる命令の聴取にも先立ってなされ、自己自身から命令を授かる可能性として、他律（hétéronomie）から自律（autonomie）への逆転をも意味する。そこで私は、自分も知らぬ間に吹き込まれたものの作者たることを強いられる。その限りで、〈無限者〉からの息の吹き込みは、自律でもあれば他律でもあるという両義性なのである（AQE 189）。

このようにして、〈無限者〉は、他人を起点として命令し、責任を担わされた主体において意味する（AQE 292）。その際、〈無限者〉それ自身は主体といかなる相関関係をもつこともない。あくまでも、〈無限者〉は、主体が他人によって「われここに」という仕方で基底から引きずり出されることによって証され、また主体が「近さ」において重荷を課せられるに応じてその栄光を増大させるのみである。こうして見ると、〈無限者〉は、一連の、他者との遭遇による召喚から責任、身代わりへの移行の背後に隠れて、それを統括しているかのごとくである。このような〈無限者〉と私のあり方を指して、レヴィナスは「神から到来する《召命》が私の祈願のうちにあること」に準《なぞら》えるのである（AQE 190）。

第三節　〈語ること〉と〈語られたこと〉の両義性

かくして、〈善〉あるいは〈無限者〉のうちに、レヴィナスが神の死を受け入れた後になお言及する神的なものが見出される。この神的なものをいかに考えるべきなのか。ここで、次の文言が導きの糸になる。「背後の世界に住まうある種の神の死後、人質という身代わりが、常に既に過ぎ去り、常に《彼》であって、いかなる現在にも入り来ないものの痕跡を、すなわち口にできないエクリチュールを見出すのである」（AQE 233）[4]。この《彼》に留まるものとはいかなるものか、そのことを言語における〈語ること〉と〈語られたこと〉について検討してみたい。

レヴィナスによれば、言語は、存在や存在者を理解させるものである限りで、時間と共に存在論に帰属している（AQE 33）。そして〈語られたこと〉が、存在が存在でもあり存在者でもあるという多義性を支えている（AQE 23）。〈語られたこと〉においては、その多義性を通して存在が顕現し、「何であるか」に帰着し、主題化される。〈語られたこと〉は、言わば存在と現出の結び目として、多様なもののうちに宿る〈同〉の理念性を表明し、「あれとしてのこれ」という意味を供与し、自同的統一性を現出させるのである（AQE 45）。しかし他方で、言語は、諸存在や諸関係と過不足なく重なり合う記号体系に還元されるものではない。そもそも言語それ自体が、既に語られたこと、臆見に組み込まれている限りで、「既に語られたこと」に先行されているからである。それゆえ、「言葉は、既に語られたことの中であれとこれとの同一化を、同時に布告し聖別する」（AQE 47. 強調はレヴィナス）。

こうして、〈語られたこと〉は既に語られたことの連鎖を無限に遡行することを余儀なくされる。その遡行の最も手近なところに、〈語られたこと〉と相関的な〈語ること〉が見出されるだろう。〈語られたこと〉と相関的な〈語ること〉は、布告としての〈語られたこと〉を目指す限りで、〈語られた〉ことのうちに吸収され、これが諸存在の自同性の源泉となる。すなわち、「存在は話される。存在はロゴスのうちにある」（AQE 58）。だが、そのことを踏まえた上で、レヴィナスは次のように問いかける。「〈語られたこと〉と厳密な相関関係にある〈語ること〉の機能がいかなるものであれ、語るという人間の能力は存在に仕えるものだろうか」（AQE 48. 強調はレヴィナス）。レヴィナスにとり、〈語ること〉をロゴスと相関的なものと考えることは、主体性の価値を存在や機能の独立変数にすることである。しかるに、「発語する主体を生起させるのは存在論ではない」(*ibid.*)。

それゆえ、レヴィナスは、まずは〈語ること〉を〈語られたこと〉との等価な相関関係から解放しようとする。彼によれば、〈語ること〉は〈語られたこと〉のうちでこだましつつも、〈語られたこと〉においてもその逆の〈語られなかったこと〉においても、汲み尽されえない。その意味で、〈語ること〉は〈語られたこと〉に対して優位性をもつ(AQE 55)。それゆえ、〈語ること〉を〈語られたこと〉のうちで覚醒させ、両者の相関関係の手前に遡る必要があることとなる。それは、〈語られたこと〉をそれとは相関的ではない〈語ること〉に還元することである(AQE 58)。

では、〈語られたこと〉に相関的ではない〈語ること〉とはいかなる事態か。レヴィナスによれば、〈語ること〉は〈語られたこと〉において主題化され、その〈語られたこと〉に基づいて現出する(AQE 59)。だが、〈語ること〉は、〈語られたこと〉においてその固有の意味性が隠蔽されることも歪曲されることもなく、主題化のうちにその痕跡を刻印しながら、構造化と、名詞化されざる陳述の構制のあいだを揺れ動く。さらに、「知としての〈語られたこと〉において、名の保持者として現れるに先立ち、基体(hypostase)は、対格の相の下で自らをそれ自身として曝露する」(AQE 134)。基体とは、存在の仮面を被って現出する「私」にほかならない。そして、それが対格として現れるのは、「〈語られたこと〉に向けられた〈語ること〉、それは〈他〉による強迫——感受性」(AQE 98)だからである。〈語ること〉とは、強迫されて他人へと受動的に引き渡され、さらには、その引き渡しの確立に先立って、引き渡し自体が他人に委ねられることである。私という受動性は、私の感受性の容量を超過する重みの下で、〈語ること〉を炸裂させる(AQE 187)。

それゆえ、〈語ること〉の固有の意味とは、この上なき受動性であり、裸出性である。「感傷性と苦痛としての受動性は、……自らの裸が取る構えも裸にし、自らの曝露自体も曝露し、自己表出し、発語する」(AQE 91)。そして、その曝露は、他者に向かってなされるがゆえに、〈語ること〉は、「私」の〈他者〉への接近のことであり、他人や隣人に対して〈語られたこと〉を意味づけするものとなる（AQE 96）。レヴィナスはそのことを次のように表現している。「〈語ること〉は接近の誓いである」（AQE 6）。

その限りで、〈語ること〉は、隣人に接近し、隣人に向けて「意味性を与えること」（AQE 61）であり、ここにおいて、コミュニケーションが開始される。「リスクを負った露出のうちに、真摯さのうちに、内面性の粉砕とあらゆる避難所の放棄のうちに、外傷への曝露のうちに、感傷性のうちに、コミュニケーションのとば口がある」（AQE 62）。つまり、一方で〈語ること〉は、存在と存在者の両義性の手前で、〈語られたこと〉に先立ち、発語する一者を発見する。他方で〈語ること〉は、受動性の過度の突出であるがゆえに、感傷性に核分裂を起こさせ、一切の形態を私から剥奪しつつ、自己を曝露へともたらす。それゆえ、「回避不能な他人への曝露すなわち〈語ること〉は、〈他人〉への徴の贈与という真摯さにおいて、私をあらゆる自同性から放免する」（AQE 65）。

かくして、レヴィナスによれば、〈語ること〉こそ、内存在性の我執からの超脱であり、存在することの中断であることになる（AQE 17）。そして、〈語ること〉が他者への接近であり、「責任とは応答」である限りで（AQE 18）、隣人に対する責任もまた、この〈語ること〉のうちで成就される。「〈語ること〉、それは他者に対して応答することである」（AQE 60. 強調はレヴィナス）。ここで、言語の超越すなわちコミュニケーションの前提は、経験的発語ではなく他者への応答すなわち責任であることが明らかになる（AQE 153）。〈語ること〉の責任は、絶対的受動性において、自らの覆いを剥ぎ取り、さらには皮膚すらも剥ぎ取って語ることで果たされる（AQE 18）。換言すれば、それは、徴として自己を贈与することであり、あるいは自己贈与それ自体をも徴として贈与する贈与の贈与でもある。しかも、この贈与が「他のために」である限りで、〈語ること〉が〈語られたこと〉を言表することは、感性的なもののうちに初めて生起する「能動性」である（AQE 78）。つまり、絶対的受動性に貫かれた〈語ること〉のうちに、「能動性」が不意に出来するのである。[5] そして、その「能動性」は、責任を負う相手への接近という犠牲、誤解や拒絶というリスクを冒して成立可能なものなのである（AQE 153）。

それゆえ、〈語られたこと〉なき〈語ること〉こそが、責任の真摯さであり、それは〈自我〉の究極的実体の核分裂である（AQE 183）。それに対して、〈語られたこと〉とは、言葉という覆いの下で、情報が交換され、責任が消え去るという事態である（*ibid.*）。こうしたことを失念して〈語ること〉と〈語られること〉の相関関係のうちで満足することは、西洋哲学の到達点である、自己意識・起源・アルケーとしての主体に回帰してしまうことになる（AQE 98）。レヴィナスにとり、主体性は、身代わりになる一者として、贈与するものとして、起源以前の意味性そのものでなければならない。つまり、意味とは、他人のために身代わりになる一者のことなのである。

レヴィナスによるこうした言語論の展開は、そのまま、他者の顔の公現と迫害から、感受性の絶対的受動性において他者に対する責任に至り、さらには身代わりとなるあり方を二重化して映し出す。しかも、〈語ること〉と〈語られること〉に潜む両義性は、その二重化された筋立てのうちに隠された超越をも炙り出す。

上で見たように、起源以前の〈語ること〉は、時間に抗して現在と現出を拒むが、レヴィナスは〈語られたこと〉に委ねられることで或る存在へと固定化され、言わば去勢されてしまう。しかし他方で、レヴィナスは〈語られたこと〉のうちに、固定性だけではなく機動性をも認めている（AQE 232）。確かに、〈語られたこと〉は常に〈語ること〉を裏切る。だが、〈語られたこと〉は〈語ること〉へと還元されなければならないというとき、それは取りも直さず、〈語られたこと〉の不断の前言撤回の運動を指している（AQE 228）。この運動のうちでは、意味の現出と消滅が繰り返される。超越や語りえないものの両義性は〈語ること〉と共に抹消されることはなく、彼性が残す痕跡は排除されることはない（AQE 158）。そして、その究極の痕跡が、「神という言葉、臨時の語彙（hapax du vocabulaire）」（AQE 199）として残される。それゆえ、超越、〈無限者〉、あるいは「存在するとは別の仕方で」という存在者の超脱の曖昧さと謎は、〈語られたこと〉に刻印された〈語ること〉の痕跡へと送り返されることになる。

第四節　神的なものと人間的なもの

こうして見ると、レヴィナスは、「神の死」を受け止めた後、なおも超越せる他者の顔と〈善〉と〈無限者〉を神のごとき位格に設定して、その曖昧さと謎を承知の上で〈語ること〉の痕跡のうちに留めたように思われる。実際、レヴィナスは、私が〈語ること〉の真摯さによって「暗き基底から引きずり出される」際、〈無限者〉が証されると述べ、それを「神の名において」と確言している（AQE 190）。「〈無限者〉の栄光が、神という言葉を発話せしめる」（AQE 206）。レヴィナスは、この「神」こそ、〈語ること〉を消すことも吸収することもできず、言葉にも留まらない異常な言葉であると認める。そして、「《さまよう原因》の純粋な痕跡が、私のうちに刻印されている」（AQE 192）。さらには、「自我の基底には、神から逃れることの不可能性が、自己として、絶対的受動性として隠されている」（AQE 165）。

しかしながら、レヴィナスは〈無限者〉の栄光の先に「神」を想定してそれを肯定する一方で、それを否定もする。確かに、これまで見たところによれば、〈善〉もしくは〈無限者〉は、他者との遭遇から身代わりに至るまでの方位を授け、自らを晒さぬままにそのように命じるものであった。そこには超越的な神の影が認められ、しかも「有限者が〈無限者〉の超越について与えようとする証明のうちで、〈無限者〉は消え去る」（AQE 194）という叙述からは、否定神学的な神が見て取られる。実際、こうした謎に包まれた「神的なもの」は、「隠れたる神」あるいは否定神学の神と考えるのが最も相応しいと思われる。だが、レヴィナスは、そのような印象を読者に与えることを十分に理解した上で、次のように否定してみせるのである。「近さにおいて顔は、私に隣人を押し付ける隠れたる神の徴として機能するのではない」（AQE 119. 強調は引用者）。

何故、他者の顔は、〈無限者〉の迂回路でありながら「隠れたる神」の徴ではないのか。もっと正確に言えば、何故、〈善〉または〈無限者〉は「隠れたる神」ではなく、否定神学の神でもないのか。レヴィナスの答えはこうである。すなわち、顔が撤退する痕跡は、シニフィアンのうちでのシニフィエの顕示ではなく、したがって痕跡は記号に還元されることも実在に還元されることもない。それは、単に顔に顔としての位格を与えるにすぎない（AQE 155）。そして、顔は痕跡として私を強迫し、私はその無限の法外さを乗り越えられないが、しかし最終的に私は身代わりに転じることが可能である。それゆえ、「顔における過去の痕跡は、いまだ顕現されないものの不在ではなく、かつて一度も現在とならなかったものの、無限の無起源性であり、〈他人〉の顔において命令するこの無限は、……、志向されえないものである」（AQE 123-124）。こうして、レヴィナスは、隣人の近さ、あるいは意味の意味性の背後に神の実在の問いを立てることを禁じるに至る（AQE 120）。「〈語ること〉は、両義化の能力によって、……、それを包括する存在することの叙事詩（épos）を逃れる」（AQE 11）。

そして、レヴィナスにとって、〈無限者〉が否定神学の神でない最大の理由は、責任が否定的なものではなく、肯定的なものであるからである（AQE 14）。生産されるに応じて借財が増えるという責任は「栄光」であり、それこそが無限の肯定性を示している。「現在と表象の否定は、否定神学（théologie négative）の諸命題との相違を、近さ、責任、身代わりの《肯定性》において見出すのである」（AQE 193）。無限者の彼性が私に到来し、私が隣人に向けて出発し、隣人への運動を成就するよう強いられるとき、その他人へ向けての出発は、肯定的なものとして人間的なものへと舞い戻る（AQE 15）。

だが、レヴィナスの倫理が神的なものを経由して人間的なものに帰還するとしても、神的な〈無限者〉の痕跡の両義性は、そのまま人間の両義性に跳ね返る。すなわち、そもそも主体が〈同〉でありかつ〈他〉でもあるという両義性、主体は自律でありかつ他律でもあるという両義性、そして無罪でありかつ罪あるものでもあるという両義性である。

こうした人間性における両義性を、主体が「倫理的境位」に至った言わば終局での両義性、すなわち罪の両義性から照射して考えてみよう。レヴィナスは、迫害が贖いへと一転して、私が責任を負うことに至った際のことを次のように言う。すなわち、「義人であるほどに、私は罪を負う」（AQE 143）。そして、「隣人に対する赦すことのできない私の有罪性（culpabilité）は、〔私の皮膚に毒矢を貫く〕ネッソスのチュニカのようなものである」（AQE 139. 補足は引用者）。しかし同時に次のようにも言われる。「過ちに先立ち、無罪であるにも拘らず自己に反して負わされる告発の相の下で、このような要求は生起する」（AQE 144）。

考えなければならないのは、この「罪」の内実である。『全体性と無限』を振り返るならば、(6)「義人であるほどに、私はますます罪ある者となる」（TI 222）と言われていた。これは上の『存在するとは別の仕方で』における到達点と過不足なく合致している。そして、『全体性と無限』での罪とは、内面性の分離の代償（TI 32）であり、主体性の自由と独断に対するものであり（TI 56）、したがって、他者の迎接はそうした罪の自覚そのものであった（TI 58）。つまり、存在への固執そのものに罪が充当され、それゆえにこそ、「有罪性において自由は責任へと高められる」（TI 178）に至ったのである。翻って『存在するとは別の仕方で』では、倫理的な到達点として「贖い」の成就が示され、そこには「罪」の先行のニュアンスがある。そして、レヴィナスが、存在に対する固執を「帝国主義的で邪悪な主体性」（AQE 186）、「病める主体性」（AQE 194）と称する際、そこには贖わなければならない「罪」の響きが聞き取られる。それゆえ、前述のように、「贖い」は、存在しようとする努力（コナトゥス）、存在そのものに対する贖いであろうと推論されたのであった（AQE 219）。事実、レヴィナスは、身代わりという償いによって自己は存在から解放され、「倫理的解放」を得る、と述べていたのである（AQE 209）。もし、レヴィナスの述べる「罪」が存在への固執（コナトゥス）に対する罪である、という推論が正しいならば、それは原罪という概念に相応しいと思われる。

実際、『全体性と無限』においては、罪は存在の自己中心性そのものにあるとされ、ことさらにそれを原罪ではないと断ってはいなかった。しかるに、『存在するとは別の仕方で』においては、原罪という印象を与えることを予測してそれを封じるかのように、レヴィナスは、私は無罪であると繰り返し、さらには次のように明言する。「〈自己〉を、原罪を犯した状態にあるものと考えてはならない」（AQE 156）。その理由は、レヴィナスによれば、罪とは意識や意志といった自由な能作を前提としているのに対して、私が罪を負うのは、あくまでも絶対的な受動性に貫かれて顔の痕跡に遅れざるをえないという構制によるからである。これは先にも見た通りである。

しかしながら、先に触れておいたように、レヴィナスがここで依拠する主体性の絶対的受動性自体が既に動揺している。すなわち、確かに一方で彼は、他者への主体性の曝露を能動性へと逆転してはならない、そのためには受動性の受動性が必要であり、それは〈他人〉に対する真摯さすなわち〈語ること〉である、と述べている（AQE 182）。だが他方では、彼は、同じ〈語ること〉において、「能動性」が初めて生起するのであり、この「能動性」はまったき「〈他者〉のために」としての〈語ること〉のうちで不意に出来するとも述べるのである（AQE 78）。レヴィナスはこの出来の理由を、〈無限者〉が、自己を過ぎ越して過ぎ去る際、他律から自律への逆転が起こり、最初の「能動性」が起こるから、と説明している（AQE 189）。

この矛盾は、まさに受動性と能動性、自律と他律の両面性（ambivalence）の成立として解消される。レヴィナスはこの事態を、自己が、自分の知らぬ間に吹き込まれたものの作者でもあり、あるいは自分がその作者であるものをどこか知らないところから受け取ったことでもある、と表現している（AQE 189）。このような事態はそもそも、〈同〉が〈他〉によって（AQE 84）、あるいは主体が〈無限者〉から息を吹き込まれたことに端を発している

（AQE 188）。つまり、主体性が最初から〈同〉と〈他〉の両義性において成立していることを、レヴィナスは、「息を吹き込まれたこと」という比喩で説明しているのである。そして、その事態は身代わりや人質にまで至るのだが、自己が他人を支えることと自己が〈無限者〉の構想に組み込まれることとの両面性を、レヴィナスは「人間のうちで語る神の謎」「いかなる神にも頼らない人間の謎」と表現するのである（AQE 196）。

こうして、顔の公現の両義性また無限者の痕跡の両義性が、主体のうちに存する〈同〉と〈他〉、自律と他律との両義性へと跳ね返り、さらにそれは主体性の人間性と神性の両義性にまで延長される。それゆえ、主体性の謎めいた両面性においては、絶えず意味の交替が演じられることになる（AQE 194）。そして、その意味の交替は、〈語られたこと〉がレトリックによって自分を逸脱することとして正当化されるのである。したがって、罪についての着地点も以下のようになる。「こうした〔〈無限者〉の栄光であるような接近の無限の行程という〕隔たりでは、……聖潔が有罪性として現れるほどである」（AQE 181. 補足は引用者）。

かくして、レヴィナスは、神学的な概念を否定しながら神をレトリックの両義性のうちに肯定し、自らの独特の倫理学を構築する。レヴィナスの倫理は、神学を否定した神を経由して自己に戻る倫理であり、主体と存在を破壊した挙句に主体が他者の「身代わり」となって「神的なもの」となることで果たされる。だが、その「神的なもの」とは実は「人間性」と同義でもある。何故なら、存在することからの解離は「非場所」（non-lieu）を意味し（AQE 9）、その「存在とは他なるもの」とは、存在しないことをも超えた「主体性、人間性」を意味するからである（AQE 7）。そして、人間性とは、存在することから退避した唯一性にほかならない。したがって、確かにレヴィナスの自己は、最終的には「ユートピア」に至るにせよ、そのユートピアは「場所あるいは非場所、場所かつ非場所であるような人間性のユートピア」（AQE 58）であり、すなわち人間的なものに収斂するのである。

ここでは、『全体性と無限』でそうであったように、存在や自我への固執に対する罪の意識はむしろ希薄である。罪はもはや、至るべき善良さの極致としての聖潔の裏面として現れるにすぎない（AQE 181）。それは、『存在するとは別の仕方で』において新たに設定された感傷性が、既に「自己に反して」という仕方でありうる限りで、「存在するとは別の仕方」を胚胎しているからである。そして、その感傷性のうちに胚胎する超越を突き詰めれば、確かに「自我の基底には、神から逃れることの不可能性が、……、自己として、絶対的受動性として隠されている」（AQE 165）という地点にまで到達するであろう。こうして、レヴィナスの倫理は、神学的なものを超えて、神的なものを人間的なものへと置き換えたところにその可能性が開かれる。それは確かに、法外な思想だと言いうるであろう。

注

（1）Emmanuel Levinas, *Autrement qu'être ou au-delà de l'essence*, Netherlands: Kluwer Academic Publishers, 1991. 以下、この著作からの引用、参照箇所については、AQE の略号と共に頁数を記す。

（2）Emmanuel Levinas, *Totalité et infini*, Netherlands: Kluwer Academic Publishers, 1961. 以下、この著作からの引用・参照箇所については、TI の略号と共に頁数を記す。

（3）この受肉については、レヴィナスは、「身体の感性的体験は初めから既に受肉している」（AQE 96）として、自分の身体に結び付けられるに先立ち、他人に結び付けられていることにも用いている。

（4）レヴィナスは、エクリチュールという語を、例えば、〈語ること〉が寓話やエクリチュールという〈語られたこと〉となり、存在が現出する（AQE 56）という場合など、〈語られたこと〉を同義で用いている。

（5）後述するように、レヴィナスは、主体性の曝露は能動性に逆転してはならず、あくまでも絶対的受動性に貫かれていると述べている（AQE 181-182）。しかし、ここで述べられていることは、換言すれば他律から自律への逆転であり、むしろレヴィナスの記述の揺れこそが、自律と他律の両義性と正反両立性を明らかにしていると言える（AQE 189）。

（6）『全体性と無限』における罪悪感の問題については、拙論「責任の起源――レヴィナスにおける非対称の倫理――」（『同志社大学ヒューマン・セキュリティ研究センター年報』第四号、萌書房、二〇〇七年三月、六一―一二三頁）を参照されたい。

第4章　共同感情と所有

第一節　自然状態における人間

ホッブズ、ロック、ルソーのいずれの社会契約説も、社会契約によって成立する国家状態に先立つ自然状態を想定している。その自然状態の規定については、それぞれの社会契約説において、少しずつ異なっている。

まず、ホッブズの場合を見よう。人々は生まれながらにして、肉体的、精神的能力において平等であると主張するホッブズは(1)、人間の自然状態の平等から、自然状態が人間にとって戦争状態であることを引き出す。というのは、能力が等しければ、目的を達成することについての希望も平等に生まれるからである。もし誰か二人が同一のものを欲し、二人がそれを同時に享受できないとすれば、彼らは互いに敵となるしかないだろう。ホッブズによれば、人間の本性の中に、三つの主要な争いの原因が見出される。第一は競争、第二は不信、第三は栄光(gloria)である(2)。第一は、利得を求めて、第二は安全を求めて、第三は評判を求めて人々を争わせる。言い換えると、人間は自然状態においては戦争状態にある。戦争状態とは、単に現実の戦闘ないしは闘争行為そのものを指すのではなく、戦闘によって争おうとする意志が十分に知られる一連の時間のことを意味する。

自然状態における戦争状態は、人間の持つ自然権すなわち生存権からの当然の帰結である。自然の権利（jus naturale, right of nature）とは、「各人が、かれ自身の自然すなわちかれ自身の生命を維持するために、かれ自身の意志するとおりに、かれ自身の力を使用することについて、各人がもっている自由であり、したがって、かれ自身の判断力と理性において、かれがそれに対する最適の手段と考えるであろうような、どんなことでもおこなう自由である」(3)。自然状態において人間は、あらゆるものに対して権利を持つ。自然状態において各人は自己の生命の保持のためにあらゆることを自由になすことができる。また、自己の生命の保全のために最善をなすことが理性に適ったことでもあるので、各人はあらゆるものに対して、お互いの身体に対してさえも、権利を持つ。したがって、各人のこの自然権が存続する限り、何人《なんぴと》にとっても、生存を全うできる保障はない。

ここから基本的自然法・理性の一般的法則が帰結する。自然の法（lex naturalis, law of nature）とは、理性によって発見された規則すなわち一般的法則で、その自然法によって人は、彼の生命を損なうようなことや、生命を維持する手段を放棄することを禁じられ、また、最もよく生命を維持しうると彼が考えることは必ず行うよう命じられる。「各人は平和を獲得する希望があるかぎり、それにむかって努力すべきであり、そしてかれがそれを獲得できないときは、かれは戦争のあらゆる援助と利点を、もとめかつ利用していい」(4)。この法則の最初の部分は、第一のかつ基本的な自然法であり、それは「平和を求め、それに従え」ということである。第二の部分は、自然権の要約であって、「われわれがなしうるすべての手段によって、われわれは自分自身を防衛する」権利を有するということである(5)。

人々に平和への努力を命ずるこの基本的自然法から第二の自然法則が引き出される。「人は、平和と自己防衛のためにかれが必要だとおもうかぎり、他の人びともまたそうであるばあいには、すべてのものに対するこの権利を、すすんですてさるべきであり、他の人びとに対しては、かれらがかれ自身に対してもつことをかれがゆるすであろうのとおなじおおきさの、自由をもつことで満足すべきである」[6]。というのは、各人が何でも自分の好むことをするという権利を保持する限り、すべての人々は、戦争状態にあるからである。

人々を威圧する共通の権力の下で生活していないときには、各人は各人に対する戦争状態にある。しかし、戦争状態は、人々を平和に向かわせる諸情念を育む。それらの情念とは、死への恐怖であり、快適な生活に必要な物事に対する意欲であり、それらを彼らの勤労によって獲得する希望である。そして、理性は、問題解決ための平和の諸条項を提示し、人々は理性によって協定へと導かれる。これらの条項が自然の諸法と呼ばれるものであり、理性が自然法によって人々を導く協定が社会契約である。

ホッブズの考える自然状態においては、人間はお互いに何のためらいもなく、自己の持つ力を自由に、他からの何の制限も受けずに行使し、自己の生存を追求する以上、戦争状態しか望めない。したがって、契約の前には、いかなる人間相互の協調と和合に基づく共同体も考えられない。

これに対して、ロックは、自然状態が直ちに戦争状態であるとするホッブズの考えを否定する。人間が自然状態において、お互いに平等で、自由で他の制約を受けない点では、ロックはホッブズに同意する。しかしながら、ロックにあっては、その自由をある意味で制限する、ホッブズとは異なる自然法の存在が肯定されている。自然状態は「完全に自由な状態であって、そこでは自然法の範囲内で、自らの適当と信じるところにしたがって、自分の行動を規律し、その財産と一身とを処置することができ、他人の許可も、他人の意志に依存することもいらない」[7]。「自然法の範囲内で」というのは、自由な自然人の行動を規制する自然法がすでにあって、その自然法によって、人は、自己の存在権の無制限の行使を制限されているのである。

というのも、人間相互の平等は、ホッブズにおけるように、お互いの敵愾心を生み出すものではなく、かえって、人間相互の愛の源泉となっている。自然状態においては、一切の権力と権原とは相互的であり、何人も他人以上のものを持たない。このような人間の自然の平等が、人間の相互的愛の責務の基礎であり、その上に人間が相互に負っている義務が築かれ、そこから正義と博愛の偉大な原理が引き出されうると、ロックは、フーカの意見に賛同して引用する。(8)「他人を愛することは自分を愛することと同様にその義務である、ということを人間に教えたのは、万人の均しくもっている自然の動機である。何故なら、万物が平等である以上必然的にすべてのものはただひとつの標準によらざるを得ないからである。(中略)われわれすべてが全く同じ性質のものである以上、たしかに他の人が有しているに相違ない同様の欲望を満足させるように私自身もまた配慮しないで、どうして、自分の欲望のどの部分も満たされることを期待できようか。(中略)したがって本来自分と平等なものから、できるだけ愛されたいという私の欲望は、彼らに対してもまた同様の情愛を十分に示す自然の義務を、私に課すのである」。

自然状態は自由な状態ではあるけれども、放埒な状態というわけではない。自然状態にもすでに、これを支配するひとつの自然法があり、何人もそれに従わねばならない。この法である理性はすべての人類に、「一切は平等かつ独立であるから、何人も他人の生命、健康、自由または財産を傷つけるべきではない」と教えるのである。(9)

ロックにおける自然権すなわち生存権は自然状態においてすでに、相互の平等から帰結する自然法によって制限されている。「各人は自分自身を維持すべきであり、また自己の持物を勝手に放棄すべきではない。同じ理由からして、彼は自分自身の存続が危うくされないかぎりできるだけ他の人間をも維持すべきであり、そうして、侵害者に報復する場合を除いては、他人の生命ないし生命の維持に役立つもの、他人の自由、健康、肢体、もしくは財貨を奪いもしくは傷つけてはならない」。と同時に、他方、自然が人類の共有財産であるという点からも制限を受ける。人間は「その送り主なる神の所有物であり、ただ神の欲する限りにおいてのみ、――決して他の者の欲するままにではなく――生存し得るように作られているのである。そうして、同様の能力を賦与せられているわれわれすべては、皆同じ自然を共有財産として持っている」[10]。このことは、ロックの労働による所有の概念の重要な一部をなしている。しかし、この問題については、後でもう一度、帰ってくることにしよう。

かくして、ロックにあっては、自然状態は即戦争状態を意味せず、国家状態以前の自然状態にあっても、人々が他人の権利を侵害したり、お互いに傷つけ合ったりすることを抑止する自然法が存在する。ただ自然状態においては、平和と全人類の存続とを目的とするこの自然法の執行は各人の手に託されているのである。自然状態と戦争状態とは本質的に異なるものとして区別されなければならない。自然状態からではなくて、戦争状態から契約に基づく市民政府は生まれるのである。ロックにおいては、人間の平等が内包する相互愛が自然状態においてすでに共同体の形成の正義と博愛の原理として働いている。

最後に、ルソーが自然状態において人間をどのように思い描いたかを知るためには、彼の『社会契約説』よりも『人間不平等起源論』を参照するほうが適切であろう。その「序文」においてルソーは、「人間の魂の最初のもっとも単純なはたらきについて省察してみると、私はそこに理性に先立つ二つの原理が認められるように思う。その一つはわれわれの安寧と自己保存とについて、熱烈な関心をわれわれにもたせるものであり、もう一つはあらゆる感性的存在、主としてわれわれの同胞が滅び、または苦しむのを見ることに、自然な嫌悪を起こさせるものである」[11]。言い換えると、「人間は憐れみという内的衝動に少しも逆らわないかぎり、他の人間にも、また、他のいかなる感性的存在にさえも、けっして害を加えないであろう。ただし、自己の保存にかかわるために、自分を優先しなければならない正当な場合だけは別である」[12]。

憐れみについては、「第一部」でさらに詳しい言及がある。そこでは、二つの原理の一つとして、ホッブズが知らなかった憐れみの情が挙げられ、次のように定義されている。「それは、或る種の状況において、人間の自尊心（amour propre）のはげしさをやわらげ、あるいはこの自尊心発生以前では自己保存の欲求をやわらげるために、人間に与えられた原理であって、それによって人間は同胞の苦しむのを見ることを嫌う生得の感情から、自己の幸福に対する熱情を緩和するのである」[13]。この憐れみの情は、「あらゆる反省に先立つ、自然の純粋な衝動」であり[14]、理性とは別個の独立した働きである。「憐れみが一つの自然的感情であることは確実であり、それは各個人における自己愛（amour de soi même）の活動を調節し、種全体の相互保存に協力する。他人が苦しんでいるのを見てわれわれが、何の反省もなく助けにゆくのは、この憐れみのためである」[15]。「もし、人類の保存が人類を構成する人々の推理にのみ依存していたとすれば、とうの昔に人類はいなくなってしまっていたろう」[16]。憐れみの情は「人間が用いるあらゆる反省に先立つものであるだけにいっそう普遍的なまたそれだけ人間にとって有用な徳」である[17]。ついでに述べれば、自己愛とは、憐れみの情とならぶ自然の原理で自己保存のための原理ある。これに対して、自己尊重は理性の産物である。「自己尊重を生むものは理性であり、それを強めるのは反省である。人間に自分を振り返らせ、また、人間を邪魔し悩ますすべてのものから人間を引き離すものは、反省である。人間を孤立させるものは哲学である。人間が悩んでいる人を見て、『お前は亡びたければ亡びてしまえ、私は安全だ』とひそかに言うのは、哲学のおかげなのだ」[18]。

ルソーの自然状態において、憐れみの情が、もうひとつの自己保存の原理である自己愛を補完しその過剰な使用を抑制する原理である限り、ホッブズの戦争状態とは反対に、すでにひとつの立派な共同体が、社会が成立していたと言うべきである。「自然状態とはわれわれの自己保存のための配慮が他人の保存にとってもっとも害の少ない状態なのだから、この状態は従ってもっとも平和に適し、人類にもっともふさわしいものであった、と言うべきであったのだ」[19]。

第二節　共同主観性の原理としての共感

今確認したように、ホッブズをのぞけば、ロックにおいてもルソーにおいても、契約に基づく国家状態成立以前に、すでに、人と人との協調と共存を保証する共同体が存在する。自然状態における言わば自然な共同体が、一定の理由によって、もはや維持されえず、立ちゆかなくなって、いわゆる戦争状態を招き、その結果として、問題解決を図るものとして社会契約が導入されると、理解すべきである。自然状態における自然で平和な共同体を破壊、解体する原因は、自然の法に反する過度の所有である。ルソーにとっても、戦争は物と物との関係から起こる。「戦争状態は、単純な個人と個人との関係からは起こりえず、物と物との関係からのみ起こりうるのだから、個人的戦争、すなわち人対人の戦争というものは、固定した所有権のない自然状態においてもありないし、すべてが法の権威の下にある社会状態においてもありえない[20]」。ロックによれば、自然状態にあっても所有はすでに存在する。さもなければ、人は、食物を口に入れることもできず、したがって、生きることもできないであろう。というのも、ものを食べ、消化し、血肉化するということは、優れて、そのものを占有し、文字通りそれと一体化するほどに自己のものとすること以外ではありえないからである。

国家を形成する社会契約が、理性的で自立した人間の意志的な行為であるのに対して、自然状態における共同体形成に働いているのは、理性とは別の、また、理性に先立つ、感情に基づく総合の働きである。ルソーは、その働きを「憐れみの情」と名づけ、人間に本来具わっている自己愛（自己保存）の原理とならぶ自然の原理のひとつとした。異なるふたつ以上のものを結合する知的働きを総合判断と呼ぶならば、憐れみは、理性ないしは知性による総合判断からは区別された、感情に基づく総合判断でなければならない。人間に自然に具わった感情的総合判断によって、自然人は、人と人とをつなぐ共同体の中で、さらには、感性的存在である動物を含めた、さらには、植物をも含んだ、生命的な共同体の中で、生きているのである。感情に基づく共同体の可能性を、アダム・スミスの『道徳感情論』に探ることにしよう。

アダム・スミスは『道徳感情論』において、彼の言う「共感」(sympathy)の概念を分析して、共感という仕方での、感情を通しての他者の理解ないしは私と他者との相互理解が可能であることを論じる。他者を理解すること、すなわち、私以外の他者が存在することの認識ないしは経験と、その他者と一定の協調関係を持ちうるということが共同体形成の基礎をなすからである。『道徳感情論』第一編第一部「共感について」[21]においてスミスは、人間はどんなに利己的であっても、その本性の中に、他の人の運不運に利害を離れて関心を寄せる共感の原理があることを自明の公理として認め、その例として憐れみ(pity)ないしは同情(compassion)を挙げる。「人間がどんなに利己的なものと想定されうるにしても、あきらかにかれの本性のなかには、いくつかの原理があって、それらは、かれに他の人びとの運不運に関心をもたせ、かれらの幸福を、それを見るという快楽のほかにはなにも、かれはそれらからひきださないのに、かれにとって必要なものとするのである。この種類に属するのは、哀れみ(pity)または同情(compassion)であって、それはわれわれが他の人びとの悲惨を見たり、たいへんいきいきと心にえがかせられたりするときに、それにたいして感じる情動である。われわれがしばしば、他の人びとの悲しみから、悲しみをひきだすということは、それを証明するのになにも例をあげる必要がないほど、明白である」[22]。しかし、苦痛や悲哀だけが共感・同胞感情の対象ではない。当事者の情念がどのようなものであろうとも、彼の境遇を考えるとき、注意深い観察者には類似の情動が起こるのである。歓喜、感謝、憤慨など、あらゆる他者の表明する感情に対して、共感は可能である。したがって、共感という用語は「どんな情念に対する同胞感情であっても、われわれは同胞感情を示すのに、大きな不適宜性なしに」使用することができる[23]。

ところで、共感はどのようにして可能となるのだろうか。ある場合には、共感は、他人の一定の情動を見るだけで、即座に、言い換えると、その情念を掻き立てたものについてのどんな知識にも先立って、生じるかもしれない。例えば、外見と身振りに強く表現された悲嘆や歓喜などに対する共感がそうである。しかし、このことは一般化できない。悲嘆や歓喜の外観が我々に類似の諸情動を直接注ぎ込むように見えるのは、それらの外観が、その人に降りかかった不運や幸運についての一般観念を我々に示唆するからに他ならない。ある情念は、例えば怒りは、その他者の怒りを引き起こした原因を我々が知るまでは、むしろ不快感や怒りを我々に覚えさせる。したがって、共感はある種の考慮に基づいている。しかし、共感におけるその考慮は、その情念そのものについての考慮というよりも、情念を掻き立てる境遇を考慮することから起こるのである。なぜなら、我々が彼の立場に身を置くとき、彼が決して経験しないような感情をも、想像によって、我々に生じるからである。例を挙げれば、他人の不謹慎や粗野を前にして、我々は赤面するが、彼自身は自分の無作法について何も感じていないのである。また、理性の喪失は、最も悲しむべきものなのに、本人は、自分の悲惨さをまったく感じていないからである。

他者の情念を掻き立てている境遇を考慮することで彼に対する我々の共感が成り立っているとすれば、その考慮とはどのような意識の働きに基づくものであろうか。共感は想像の働きに基づいていると、スミスは言う。「われわれは、他の人びとの感じることについて直接の経験をもたないのだから、かれらがどのような感受作用をうけるかについては、われわれ自身が同様な境遇においてなにを感じるはずであるかを心にえがくよりほかに、観念を形成することはできない。(中略)かれの諸感動がどうであるかについて、われわれがなんらかの概念を形成しうるのは、想像力だけによるのである」。続けて彼は言う、「想像力によって、われわれは、われわれ自身をかれの境遇におくのであり、(中略)いわばかれの身体にはいりこみ、ある程度かれになって」[24]、彼の諸感情についての一定の観念を形成するのである。憐れみの情について言えば、想像の中で我々が受難者と立場を取り替えることが、他の人々の悲惨に対する我々の同胞感情すなわち憐れみと同情の源泉である。

しかしながら、共感は、想像力によって他者の境遇に身を置き他者の感じている感情について一定の経験をするところに成立するとしても、単にそれだけではない。共感には、さらに、そのようにして体験する他者の感情についての是認の判断が含まれている。そのことは、他者の感情に共感できない場合を考えると、明らかであろう。共感できないということは、第一には、想像力によって彼の立場に身を置くことができないということである。この場合には、他者に対する根本的な無関心も含まれるだろう。第二には、たとえ、彼の境涯を想像力によって自分のものとして引き受けたとしても、彼と同じ感情を自分のものとして抱かないということである。あるいは、彼と同じ感情を抱けないから、彼の立場に想像力によって自分の身を移し入れることができないのであるとの反論があるかもしれない。その反論を今は認めてもよい。いずれにしても、共感の不可能性は、他者の感情を自己の感情とすることの拒否を含んでいることに変わりはない。

共感によって、自分が彼の立場であったならば自分も同じように感じていたであろうという是認が、言い換えると、感情においてなされる肯定の判断が、下されているのである。この事実を、スミスは的確に把握している。「主要当事者の本来の諸情念が、観察者の共感的情念と完全に協和しているばあいは、それらの情念は必然的に、この観察者にとって、正当、適当であり、情念の対象に適合したものと思われるのである。そして、反対に、事情をかれ自身のものと考えたばあいに、それらの情念がかれの感じるところと一致しないことをかれが見出すならば、それらはかれにとっては必然的に、不当不適当であり、それらをかきたてた諸原因に適合しないと思われるのである。したがって、他人の諸情念を、その諸情念の対象にとって適合的なものとして是認することは、われわれがそれらに完全に共感するとのべるのと、おなじであり、そして、それらをそういうものとして是認しないことは、われわれはそれらに完全には共感しないと、のべるのとおなじである(25)」。

私の権利の侵害に対する私の憤慨に共感する人は、私の憤慨が正当なものであることを認めているのである。また、私の悲嘆に共感する人は、私の悲嘆がもっともであることを認めているのである。また、後にカントが美学的判断について言明するように、私と同じ詩または同じ絵に感嘆し、私が賞賛するようにそれらを賞賛する人は、私の感嘆の正しさを認めているのである。反対に、これらのさまざまな場合において、私が感じるような感情を何も感じないか、あるいは私の感情に対して何らかの釣り合うものを感じない人は、私の感情を不適切なものとして、否認するに違いない。これらすべての場合において、彼自身の感情が、彼が私の感情を判断する基準であり、尺度である。共感は是認であり、是認は共感である。「ある人のすべての能力は、それぞれ他人における類似の能力について、かれが判断するさいの尺度である。私はあなたの視覚を、私の視覚によって、あなたの聴覚を私の聴覚によって、あなたの理性を私の理性によって、あなたの憤慨を私の憤慨によって、あなたの愛情を私の愛情によって、判断する。私は、それらについて判断するのに、なにもほかの方法はもたないし、またもちえないのである(26)」。

共感による他者の是認は、感情による感情の肯定であるがゆえに、いわゆる主観的判断であり、それだけ一層、人格的な承認である。実際、科学や数学などの客観的真偽に関しては、共感に基づく判断は、いかなる役割も果たしえない。また、カントとは意見を異にして、趣味に関しても同じことが言えるとスミスは考える。「われわれは、これら（科学と趣味のすべての一般的主題）について感情と情感（affection）との最も完全な調和を生み出すために、共感、あるいはそれから共感が生じる想像上の境遇の交換を、必要としない(27)」。共感が人格的な承認であるがゆえに、相互に共感し合う相互共感は、共感者の間に強い喜びとつながりを作り出す。「われわれの胸のすべての情動について、他の人びとのなかに同胞感情を観察すること以上に、われわれを喜ばせるものはない。またわれわれは、その反対の外観によって受けるほどの衝撃を、けっしてほかにはうけることがないのだ(28)」。

共感の上に道徳を打ち立てようとするスミスにとって、お互いの間にいかにして共感を実現するかは、きわめて重要な課題となる。そのためには、観察者（問題になっている感情の対象に関して部外者の立場にある者）は、できる限り当事者の身になって考えるように、彼の境遇に想像によって身を置かなければならない。共感の基礎である想像上の境遇の交換を、できる限り完全なものとするよう努めなければならない。しかし、当事者の現実の感情と観察者の想像上の感情は本質的に異なる。したがって、当事者も、他者の共感を得るためには、彼自身も想像力によって観察者の立場に身を置いて、観察者に自分の感情がどのように感じられるかを知り、観察者が共感できるよう自分の感情を制御しなければならない。当事者のあまりに激しい感情表出は観察者を戸惑わせ、それどころか反感さえ引き起こす。「この協和〔一致〕を生みだすために、自然は観察者たちに、主要当事者の諸事情を自分のものと想定するように教えるが、同様に自然は後者にたいして、観察者たちの事情を、すくなくともある程度、自分のものと想定するように教える」[29]。もし自分が観察者の一人に過ぎなかったならば、どのようなやり方で対象から感情的影響を受けるだろうかと想像し、自分の感情を観察者の感情にできるだけ近づけるよう努めるならば、観察者からより多くの共感を、したがって、同意を得られるであろう。このようにして、当事者も、自分の感情をいくらかでも静め、冷静になることができるのである。そういうわけで、「社交と交際とは、精神がなにかのばあいに不幸にも平静さを失ったとしても、それを取りもどすためのもっとも強力な救済手段であり、そのことは、それが、自己満足と享受にあれほど必要な、おちついた幸福な気持ちの最善の維持手段であるのと同様である」[30]。

これら二つの努力、すなわち、当事者の感情に入り込もうとする観察者、とりわけ、中立的観察者の努力と、自己の感情を観察者がついて行けるものにまで引き下げようとする当事者の努力とに基礎づけられて、二つの異なる組の徳が築き上げられる。愛すべき徳、率直な謙遜と寛大な人間愛の諸徳は、前者の上に、自己否定の徳、自己統御の徳、情念の統御の徳は、後者の上に、築き上げられるのである[31]。

第三節　共感としての美的感情

共感の本質は、感情による他者の理解にある。他者の感情の理解可能性にある。他者の感情が理解可能であるということは、普通、主観的であるがゆえに私秘と見なされている感情が、実は、伝達可能であるということを意味する。それでは、いかにして共感における感情の理解可能性が、したがって、伝達可能性が、実現されるのだろうか。共感における理解と伝達とは、概念を介した言語による知的理解や伝達とは異なっている。この問題を考えるために、カントが『判断力批判』の「第一部」で展開した美学的判断に訴えることにしよう。それも、アーレントの『カント政治哲学の講義』におけるカントの『判断力批判』解釈を参照しながら、共同主観性としての共感の問題を考察することにしたい。

『判断力批判』第一部「美学（美感）的判断力の批判」においてカントは、芸術作品の制作を、作品の良し悪しを判定する趣味との関係で論じている。天才は産出的構想力ないしは独創性に関わる能力であり、趣味は単に判定に関わる能力である。いずれがより高貴な能力であるか。カントは、趣味に対して天才を従属した地位に甘んじさせる。というのも、天才も趣味の能力を欠くことがないからである。天才の独創的な構想力を導いて、それに他の人も理解可能な伝達可能性を与えるのは、趣味の能力に他ならない。「美的対象の現存にとっての不可欠条件は、伝達可能性である。つまり、鑑賞者〔注視者〕の判断力が、それを欠いては如何なる美的対象も全く現象できなくなるような空間を造り出すのである。公共的領域は演技者と制作者によってではなく、批評家と鑑賞者〔注視者〕によって構成される。しかもこの批評家と鑑賞者の要素は、どの演技者と制作者のうちにもある。この批評的・判定的能力を欠くならば、演技者または制作者は鑑賞者から孤立し、認められることすらなくなるであろう」(32)。

カントの伝達可能な共通の対象を構成する趣味の能力は、その機構においてさらに分析されなければならない。判断力一般についてカントは、「特殊的なものを普遍的なもののもとに含まれているものとして思考する能力である」と定義している[33]。判断力はさらに二つに分けられる。普遍的なもの（規則、原理、法則）が与えられていて、その下に特殊的なものを包摂する規定的と呼ばれる判断力と、特殊的なものだけが与えられていて、このもののために普遍的なものを見出すことを目的とする反省的判断力とである。前者は客観的な対象認識がその対象であるような判断であり、趣味の判断が問題になるときの判断力は、後者の、反省的判断力に他ならない。さらに、判断力一般は、直観の多様を統一する構想力と、諸表象を概念的に統一する悟性との協働から成り立っている。ところで、趣味の判断がそうである反省的判断力においては、いかなる規定された概念も諸認識能力を或る特殊な認識規則へと制限することがないのだから、構想力と悟性とは、認識一般の必要性に従ってそれらが諧和する限り、自由に戯れている状態にある。反省的判断力において働いている構想力と悟性との自由な戯れと呼ばれる機構をさらに分解し、その内実を明らかにしなければならない。

カントによれば、すべての心的能力は、三つのそれ以上還元されない基本的能力に分けられる[34]。認識能力、快不快の感情、欲求能力がそうである。認識能力に対しては、悟性が対応し、欲求能力に対しては自由の概念を介して理性が対応する。快不快に対応する心的能力が判断力に他ならない。悟性が理論的認識のためのア・プリオリな原理を、理性が実践的な諸準則のためのア・プリオリな自由の根拠を含んでいるように、判断力もそれ自身だけのア・プリオリな原理を含んでいなければならない。判断力のそのア・プリオリな原理に基づいて、美学的判断も成立するのである。

快不快の感情という最も私的で主観的な、したがって私秘的で伝達不可能に見える経験の領域の中に、いかにして美学的判断力は伝達可能な美的感情を作り出すことができるのだろうか。カントは二種類の趣味を区別している。[35] 感官の趣味と反省の趣味とである。感官の趣味は、快い、快適なものについての私の好みであり、私的判断であるのに対して、反省の趣味は、美しいものについての趣味である限り、「共通妥当的（公的）判断」である。私的判断とされる感官の趣味とは、味覚や嗅覚に基づく快不快の味わいの私的感覚である。五感のうち視覚、聴覚、触覚が、外的で客観的な対象を我々に与える限りで、それらの対象は同定可能であり、他者と共有することができる。しかしながら、味覚と嗅覚に関しては、全く私的で伝達不可能な内的感覚である。それらの感覚について今私が経験している内容を他者に伝達することは不可能に思われる。味覚と嗅覚の経験に如実に現れているように、快不快の経験は、私的で伝達不可能な内容を持つ。しかしながら、美的経験である反省の趣味も、それが快不快の経験を自己の故郷とする以上、どれほど矛盾したように見えようとも、この伝達不可能な感官の趣味に密かに根を張っているのである。いかにして、この矛盾は解決されているのか。アーレントはその解決の秘密を、カントに従って、構想力と共通感覚という名を持った二つの別個の能力に探る。[36]

美学的判断は、悟性と構想力（想像力）との「自由な戯れ」によって成り立つとカントは言う。[37] 美学的判断がそうである反省的判断は、客観的認識に関する規定的判断とは異なって、与えられた特殊に対して、普遍的なものを見出すことを任務とする反省作用であるからである。悟性は普遍的な概念によって特殊を規定できないがゆえに、特殊を表象として提供する構想力に対して、「自由に戯れる」という表現が使われている。

悟性と構想力との自由な戯れは、具体的には、①構想力が悟性によって概念的に規定されないことから、構想力によって形成される感性的表象は、世界との客観的な関係に「蓋」をされて、[38] 世界の中の客観的対象とは成らず、単なる表象としてもっぱら主観に関係づけられ、快不快の対象となる。②この主観の快不快の感情に対して、悟性が反省を加えて、そこから普遍的なものを導き出す。したがって、美学的判断力は、自分の感情を反省するところに成り立つ。そのとき、反省の基準となるのが、「共同体感覚」（gemeinschaftlicher Sinn）とカントが解釈する

sensus communis である。すなわち我々は美学的判断において、自分の感情が他者に伝達可能であるかどうか、他者に理解してもらえるかどうか、自分の感情を反省するのである。伝達可能な主観的感情を美と判断するのである。むしろ、美と感じるのである。美的感情とは、自分の快不快の感情に対する快不快である。

構想力とは、現実に存在しないものを、対象としてではなくて単なる表象として現前させる能力である。あるいは、現実に存在する対象をあたかも現実のものではない、単なる表象であるかのように現前させる能力である、とアーレントは述べる(39)。この構想力の定義はカント本来の構想力の定義からは逸脱しているように見えるが、しかし、構想力と悟性との協働である規定的判断に成立する客観的現実世界を前提にして、悟性の働きを括弧に入れて構想力のみを考察するとき、上記のような構想力の定義も可能であると考えられる。構想力は、現実の存在しないものを、対象としてではなく、単なる表象として現前させる能力である、あるいは、現実に存在するものをあたかも現実的なものではないかのように、現前させる能力である。サルトルのような現象学者の語り口をまねるならば、この能力によって、現実の知覚対象は、想像的なものに志向的に関係づけられるアナロゴンに置き換えられる。構想力によって、我々は俳優のうちに、ひとりの現実存在する人間としてではなくて、父の復讐に悩むデンマークの王子を見る。また、画布の上に塗られた絵の具の色の配置を見る代わりに、青いターバンを巻いてこちらを振り向いている真珠の耳飾りの少女を見る。「この構想力によって対象は、私が直接対面する必要のないもの、私がある意味で内面化したところのものへと変形される。その結果、私はその対象によって、まるでそれが私に非客観的な感覚によって与えられたかのように、触発を受けることができるようになる(40)」。

構想力のおかげで、客観的な外部対象に関係する知覚は、表象化されて、快不快の内的感覚の対象となる。ところで、味覚や嗅覚の内的感覚においては、その対象は感官を直接触発する。そこでは、私が快不快を感じることは、ほとんど、そのまま私の同意、不同意を意味する。すなわち、これらのカントの言葉で言う趣味の感官においては、私は全く受動的である。この意味での快は、満足は与えても、美的なものとは無縁である。これに対して、美的なものにおいては、構想力のおかげで、現実の対象ではなくて表象が間接的に、触発する。構想力が表象を通して美的なものを用意することによって、私がその美的なものについて反省できるようにするのである。これが反省の作用である。「もはや人が直接的な現前によって触発されえないとき――すなわち、フランス革命の実際の行為に関わりをもたなかった注視者たちのように、人が現実に関わりをもたないときには――ただ表象の中で人の心に触れ、触発するもののみが、是か非か、重要か見当違いか、美か醜か、あるいは中間の何かであるか、といった判断の対象となりうるのである」(41)。趣味の感官の場合とは異なって、表象を媒介することによって、今や公平な判断に必要な適切な距離を、獲得しているのである。その距離とは、「ある物をその固有の価値において評価するために不可欠の隔たりであり、非関与性、没利害性である。対象を除去することによって、人はそこに公平さのための条件を確立したのである」(42)。

美学的判断力のもう一つの能力である共通感覚に移ろう。アーレントは、「第十二講」で、判断力には、二つの心的作用があると言う(43)。第一は構想力の作用であり、第二には、反省の作用である。すぐ上で、構想力が表象を通して美学的判断における反省を可能にするのを見た。したがって、構想力は反省の作用にとっての対象を準備することになる。そして、判断する実際の活動を行うのが、第二の作用である反省の作用に他ならない。共通感覚はこの反省の作用に直接関係している。共通感覚が問題になるのは、この反省の作用の基準は何かと、問うときである。構想力は現前しないものを直接われわれの内的感官に現前させ、内的感官は、それの快ないし不快を弁別ないしは選択する。しかし、この選択は、対象が現実的なものではなく、表象を介して行われるがゆえに、直接的受動的ではなく、そこに美学的判断固有の反省の作用を許す距離が設定されている。「しかしこの選択は、それ自身また別の選択に服従する。つまり我々は、快を感じるという事実そのものを是認あるいは否認することができる」(44)。感官の趣味とは異なって、反省の趣味においては、「快もまた『是認または否認』に服従するのである」[45]。アーレントが挙げているカントの例から、ひとつ紹介すると、立派な業績を残した夫の死に対する未亡人の悲しみがそれに当たる。すなわち、「深い悲しみがそれを感じる当人にとってかえって快い」のである。この未亡人は自分の悲しみを是認しているので快いのである。この付加的な快において、その快を与えるのはもはや味覚や嗅覚経験におけるような対象からの直接的な触発の結果ではなくて、「我々が、それが快を与えると、判断しているのである」[46]。言い換えると、是認する行為そのものが快を与えるのであり、否認する行為そのものが不快を与えるのである。

その場合、問題はいかにして是認と否認との間で選択するか、である。選択の尺度は伝達可能性（communicability）あるいは公共性（publicness）である。父親の死に際して過度の喜びを表す者はおらず、また、学問研究を行う喜びを公表することに良心の呵責を覚える者もいない。立派な功績を残した夫の死に際して悲しみを隠そうとする必要もない。第一の例の喜びは、伝達不可能すなわち他者の理解を得られないがゆえに不快として否認されるのであり、後者ふたつは、他者に理解可能であるがゆえに、快として是認されるのである。

共通感覚は、味覚や嗅覚のような快不快の感情に関わる感覚の性質を持ちながら、したがって、私秘的でありながら、同時に、万人にとって同一であろうとするような感覚である。アーレントの言葉を借りれば、カントはラテン語の sensus communis を用いることによって、「それまでとは違ったあるもの、我々を共同社会に適合させるある特別な感覚――特別な心的能力（ドイツ語で言えば、Menschenverstand）のようなもの――を言い表そうとしている」[47]。共通感覚は我々にある種の普遍的なものを与える。その意味で、それは客観的でもある。しかしその客観性は、概念に基づく一般性や普遍性ではない。共通感覚に固有の経験の領域とは、主観性の世界でも客観性の自然法則の世界でもなく、共同主観性の世界に他ならない。共通感覚とは、まさしく共同体感覚（gemeinschaftlicher Sinn）である。「共通感覚の下に、我々は万人に共通した感覚という観念を含めなければならない。それは、言わば自分の判断を総体的人間理性と比較するために、反省において他のあらゆる人間の表象の仕方を思想のうちで（ア・プリオリに）顧慮するような判定能力である。……このことは、自分の判断を他者の現実的判断とよりは、むしろ可能的判断と比較することによってなされ、あるいは、自分自身の判定に偶然に付随する種々の制限を捨象しながら、あらゆる他者の立場に身を置くことによって、なされる」(48)。

しかもこの共同体感覚は、感覚である、快不快の感情である。言い換えると、ある感覚が、感情が万人に共通したものであるかどうか、他者に伝達可能であるかどうかを反省の作用によって考量するとき、その伝達可能性の適宜不適宜の判断は、概念によってなされるのではなくて、感情によってなされるのである。すなわち、その反省の対象となっている感情や感覚を快と感じるか不快と感じるかによってなされるのである。快と感じるならば、それは肯定・是認を意味し、不快と感じるならば否定・否認を意味する。美学的判断とは、「与えられた表象と（概念の媒介なしで）結合している感情の伝達可能性を、ア・プリオリに判定する能力である」(49)が、同時にその判定が共同体感覚という一つの感覚に基づくものである限りにおいて、その判定そのものも、感情のうちに感情によってなされる。それはちょうど、スミスの共感・同胞感情において、是認が共感においてなされるのと同じである。

社交性について、カント哲学におけるこの概念の重要性を指摘して、アーレントは『判断力批判』第四一節を引きながら次のように言っている(50)。「社交性は人間の人間性にとって目的ではなく、まさしく起源であるということである。つまりここに見出されるのは、人間がただこの世界に属するかぎり、社交性こそがまさしく人間の本質をなすということである」。その社交性と趣味すなわち美学的判断との関係について、第四一節は次のように述べる。「もし我々が社会への衝動を人間にとって自然なものとして認め、そして社会への適応性と性癖とを、すなわち社交性を社会へと定められた存在としての人間の要件であり、したがって人間性（Humanität）に属する特性であると認めるならば、我々はまた趣味をも、それによって自分の感情を他のすべての人々に伝達しうるような一切のものについての、判断能力であるとみなさざるをえず、またそれ故、万人の自然的傾向性が欲するものを促進する手段であるとみなさざるをえない」(51)。

このことは、我々の心的能力の一つである判断力の能力、美学的判断能力は、少なくとも他者の存在を前提するということに他ならない。人は自分の共同体感覚に導かれて共同体の一員として判断する。その事実はまさしく社交性として定義される人間性の実現に他ならないが、そこにはあたかも「人類そのものによって命ぜられた根源的契約」があるかのようである。「〔快あるいは没利害的満足の〕一般的な伝達に対するこうした顧慮を、〔もしも〕万人が万人に対して期待し、かつ要求するならば、〔我々は〕人類そのものによって命じられた根源的契約が〔存在するかのような地点に達することになる〕」(52)。確かにこの根源的契約は、アーレントが言うように、判断力と人間的な活動を導く理念以上のものではないとしても、いわゆる社会契約のはるか起源にすでに働いている、人間に本質的な社交性を、社会性を表示していることには変わりがないだろう。

さらにアーレントは、もし根源的契約が存在するならば、カントが『永遠平和のために』で指摘した「一時滞在権ならびに連合権」は譲渡できない人権のひとつであると強調する。なぜなら、「地球の表面に対する共通の権利が……一般に人間に属しているからである」(53)。人は常に自分の共同体感覚に導かれながら、共同体の一員として判断する。最終的には、人は人間的であるという単なる事実によって、世界共同体の一員となる。「世界市民的状態」とはこのことである(54)。

根源的契約や人間本性に内属する社交性については、さらに、今度はカントやカントのアーレント解釈を離れて、後で論じることになるだろう。また、相関すると思われるが、次のアーレントの言及についてもさらに踏み込んで考えなければならない。すなわち、一個の感情として全く私的で非伝達的に見える快不快の感情が、共同体感覚によって、伝達可能な美的感情に変えられうるのは、もともと、一見私秘的に見える感情が本当は共同体感情に根ざしているからである。だからこそ共同体感覚によって他者が考慮に入れられるとき、それらの感情は私的性格を投げ捨て、伝達可能なものに変容可能となる。これがアーレントの考えである。しかしながら、共同体感覚に根ざした感情において、その私秘性と伝達可能な共同性との関係はどのように理解されなければならないか、このことはまだ論ずべき問題として残されている。

第四節　ロックにおける私的所有と人類共有の世界

ロックが、人間の自然状態における平等から、人間がお互いに愛し合うことの義務すなわち博愛をも引き出したことは、すでに第一節で見た通りである。ここでは、ロックの所有の概念を通して、契約に先立つ感情による共同体の問題についての考察をさらに進めたい。目的は、先立つ節でルソー、スミス、そしてアーレントのカント解釈に基づいて推し進めてきた共感の考察をロックの所有の概念と結び付けることによって、感情が共同的でありうるその可能性を明らかにすることである。そうすることによって、アーレントが言及した私秘的感情の共同体感覚による共感への変容の可能性に関して、一層の前進を図りたい。

神は世界を人間に、人間全体の生活の維持と充足に資するために、共有のものとして与えたと、ロックは言う(55)。したがって、自然が産出する果実や自然が養う動物は人類共有の財であり、それらが自然状態にある限り、何人《なんぴと》も、それらに対して他の人を排除して私的に所有する権利を持たない。しかしながらそれら自然の産物が、人間の役に立つためには、まずその人の占有物となる必要がある。人類の共有物である自然の恵みが、ある特定の個人の生活に供されるためには、何らかの方法で、それがその個人の専有物となる必要がある。「いつまでも共同の借地人として生きている未開のインディアンの食べる果実あるいは鹿肉は、それが彼の生命を養うために彼の役にたつに先立って、まず彼のものであり、彼の一部であって、他の者がそれらについてなんらの権利をもたないようなものでなければならぬ」(56)。

どうやって、本来人類の共有財産である自然物が、特定の私の物となるのであろうか。それは、「たとえ地とすべての下級の被造物が万人の共有のものであっても、しかも人は誰でも自分自身の一身(his proper person)については所有権を持っている」からである(57)。ロックの言い換えに従うと、自分自身の一身についての所有権とは、「彼の身体の労働、彼の手の働きは、まさしく彼のものであるといってよい」からである(58)。他の何人《なんぴと》も権利を持たない、ただ彼だけの所有に属する身体の労働によって取り出されることによって、自然の共有物は、彼自身の専有物に変わるのである。「彼のこの労働によって、他の人々の共有の権利を排斥するなにものかがそれに付加されたのである」(59)。

労働によって所有権が生まれる。「労働が、万物の共同の母たる自然がなしたより以上のなにものかを、それに附加えたのである」(60)。人類の共有財産を、全員の同意を得ることなく、こうして労働によって占有することは、窃盗であろうか。このような同意を必要とするならば、神が人間に豊富な資源を与えた甲斐もなく、人間は餓死する運命にあったであろう。共有の状態から労働によって取り出された物は、私の所有物となる、これは自然法である。「こうしてこの理性の法によって、鹿は、それを殺したインディアンのものとなる。それは前に万人の共同の権利に属していたが、それに自分の労働を加えた者には、これを自分のものとすることが許されるのである」。所有権の範囲を決める実定法も、この「原初の自然法」を根拠にしている(61)。

しかしながら、人は労働によりさえすれば、自然の人類の共有物を自分の望むがままに好きなだけ独り占めすることが許されるのであろうか。労働によって我々に所有権を与える「その同じ自然法が、この所有権をもまた拘束する」(62)。「自分の用に供し得る範囲がその限度であるという理性の定めた限界内に」とどまらなければならない(63)。というのは、人は自分がそれを享受するという条件で、共有する自然の恵みを労働によって独占することが許されるのである。腐らないうちに利用して生活に役立てることのできる範囲内で、労働による所有権の確立が許されるのであって、それを越えると他の人の物の侵害となる。このようにして確立された所有権からは争いの生まれる余地はほとんどないだろうとロックは考える。実際、私の労働による占有の後に、まだなお他人にも、労働によって自分に必要なものを所有し享受できるだけのものが、自然のうちに残されているならば、私は何も取らなかったのと同然であるからである。(64)

この幸福な自然状態も、やがて、貨幣経済の発達によって破れ、戦争状態へと移行する運命にある。しかし、我々は、なお、この幸福な自然状態にとどまり、自然状態における世界の共有と労働による私的所有の問題について、さらに考察をめぐらすことにしよう。

ロックにおける自然状態の人間の平等が、自己愛だけにとどまらず人間相互の愛の根拠となっていることはすでに見た通りである。労働による所有権の確立が、同時に、所有物の自分の享受の範囲内に限定されていることは、人間相互の平等の原則によって、自己の生存権と同時に他人の生存権をも認めることの、別の表現に過ぎない。原初的な労働による所有が、他人の享受の余地をも残した上での自己の享受の範囲内に制限されているということは、もともとは、世界が、自然が人類全部の共有物であるという事実に基づいている。世界は人類全部のものであるから、独占は許されないのである。ロックの平等に基づく博愛が、所有において取る表現が、世界の共有ということに他ならない。

ロックの所有概念についてさらに詳しく見てみよう。先のロックからの引用を繰り返すと、「人は誰でも自分自身の一身については所有権をもっている。……彼の身体の労働、彼の手の働きはまさしく彼のものであるといってよい」。引用の前半にある「自分自身の一身」の「一身」person を、引用の後半部分にある「彼の身体の労働」、

「彼の手の働き」と重ねて、身体と取ることも解釈としては可能である。もしそうすると、身体を所有することが一切の所有の始まりでなければならない。しかしながら身体を所有するとは、どういうことか。そのことはそれ以上説明の必要のない自明な事柄であるのだろうか。我々は手で物を持つようには、自分の身体を持つわけではない。さらには、たとえ手で物を持つということで所有を定義するとしても、手で物を持つという「手の働き」はどのような意味で私のものであると言えるのであろうか。一身を身体と限定する前に、ロックの『人間知性論』のperson の定義に今一度帰ることにしよう。

このことは人格的な同一性がどこにあるかということを前提するので、Person が何を表すか考察しなければならない。それは、思うに、思惟する知的存在である。それは、理性と反省作用とを持ち、それ自身をそれ自身として、異なる時間と場所において同じ思惟するものとして、考えることができる。そのことをそれが行うのは、思惟することと不可分であり、思惟することに本質的であると私に思えるような、意識によってである。知覚していることを知覚することなしには、知覚することは不可能であるからである。我々が見るとき、聞くとき、臭いをかぐとき、味わうとき、感じるとき、熟考するとき、何をしようとしても、我々は自分がそうすることを知っている。かくして、それはいつも我々の現在の感覚と知覚に応じてである。そしてこのことによって、各人は自分自身に対して、彼が自己と呼ぶものである。（中略）というのは、意識は常に思惟することに伴っており、それが各人を彼が自己と呼ぶところのものであるようにし、それによって彼自身を他のすべての思惟するものから区別しているので、この点においてのみ人格的な同一性すなわち理性的な存在の同一性は存するのである。(65)

Person とは、各人が自己の行為について持つ意識、言い換えれば、各人の行為に常に伴っている自分が行為しているという自己意識のことに他ならない。だから、Personは、まさしく自分自身のものであり、さらには、ロックからの引用の後半部分に読める「身体の運動」や「手の働き」には、同時にその働きについての意識が伴って自己を形成しているがゆえに、それらは、まさしくその運動や働きを行っている者の所有物なのである。所有の発生は、身体的運動すなわち労働に必然的に伴う自己の意識にある。労働に、それを行っているのは自分であるという意識が必然的に伴っているがゆえに、その労働は彼以外の誰のものでもないのである。

ロックにおける、この労働と所有とをつなぐ自己についての意識を、まさしく自我の直観として、自覚として捉えたのがメーヌ・ド・ビランに他ならない。ビランは、彼の一八〇七年のベルリン・アカデミーの懸賞受賞論文『直接的覚知について』において、ロックの哲学を次のように評価している。「ロックが、一見して、反省の単純観念と感覚の単純観念との本質的区別を、意志の諸活動ないしは知性の自由な諸作用に伴う内的感情と、外的内的感受性の全く受動的な変容との本質的な区別を指摘するとき、この賢明な哲学者はまさに、原初的諸事実についての正確で真の分析の途上にあり、諸原理についての科学を確定する用意ができているように私には見える」(66)。「知性のうちにあるもので、あらかじめ感覚のうちになかったものは、何もない」(Nihil est in intellectu quod non prius fuerit in sensu)というアリストテレスに帰せられる原理に照らすとき、感覚的単純観念から区別されたロックの反省的単純観念は、この原理に反するように見える。しかしながら、反省的観念が、感覚一般からではなくて、ある特殊な感官、すなわちビランが努力の感官と呼ぶ内奥官(sens intime)の行使に伴う感情に基づく限り、この観念は、アリストテレスの原理と調停可能である(67)。このように考えるビランは、また、経験論者であると言えるかもしれない。ただ、経験を感覚的経験に限定しない点において、もはや経験論の枠を越えている。感覚的経験の他に、その感覚的経験を可能にしている別の経験、彼が原初的事実と呼ぶところの経験の存在をビランの哲学は積極的に主張する。感覚的単純観念から区別されたロックの反省的単純観念に、ビランは自分の原初的事実を重ねて見ているのである。原初的事実こそまさしくデカルトのコギト「我思う」の内実であり、原初的事実を内的感情として直接感受するのが、直接的覚知としての自覚に他ならない。ビランにとって、自我とは、次の引用に明らかなように、意志的作用の自覚に他ならない。「魂が感覚し働くときには、一般的に言って、思惟するときには、必ず、自分が感覚し働き、思惟するということを直接覚知する。それこそ、思惟する主体として魂に帰されうる作用ないしは様態の唯一の特徴である」[68]。この魂の作用の直接的覚知・自覚が意識であり、それはまた、compos sui として、自己を支配している状態、自己を所有している状態である[69]。自覚である限りにおいて自我とは、自己所有を意味する。

デカルトにとって「思惟する」とは、感覚する、想像する、考える、意志するなどを含む広い概念である。これに対して、厳密に言えば、ビランの自我は、生ける力としての意志である。というのも、生ける力としての意志には、必ず、直接的覚知が、自覚として伴うからである。意志作用に伴う自覚は、努力の感情として体得される。言い換えると、ロックの言う労働があれば、必ず、そこには努力の感情があり、したがって、自我が、ただ私にのみ属する排他的な自我が、自己の所有が、人格がある。

ビランの自我についての考え方は、また、なぜ私の労働が加えられると、その労働を加えられた物が、私の所有物となるかも理解可能にする。私の身体労働が私ひとりのものであるからといって、その労働を加えられた物に、どのようにして私の労働が付着して、その物が私の所有物になるのか、あるいは、どのようにして私の労働がそのものに付着するのか、そのきちんとした説明をロックは与えてはいない。ビランは、ひとつの説明を用意することができる。自覚は努力の感情として成立すると上で述べた。ビランの努力の感情はふたつの要素を含んでいる。ひとつは自我の感情であり、もうひとつは、抵抗の感情である。というのも、努力は、その努力が適用される項、努力を限定する限界なしには存在しえないからである。その意味で、努力の感情のうちに自我が成立するとき、同時に、抵抗の感情が含まれている。そして、ビランはこの抵抗の感情のうちに、外部物質世界についての我々の根源的な経験を認めるのである。言い換えると、物質世界の存在を私に与える抵抗の感情と私自身を自我として自覚する自我の感情とは、同じ努力の感情のうちに、区別はされるけれども、分離不可能なものとして、統一されて同時に含まれているのである。抵抗がなければ努力もない。ロックの言葉で言い換えれば、労働対象がなければ労働もない。根源的な所有が、自我自身の所有として、労働することの自覚に基づくのであれば、そしてまた、ビランによって、労働の自覚が努力の感情のうちに遂行されるとすれば、その同じ努力の感情のうちに労働の対象も、抵抗の感情として体験されるからである。

この抵抗としての物質世界の存在に関して、西田はきわめて興味ある解釈を提出している。ここでは、その解釈が、西田哲学後期の行為的直観の概念を待って、初めて可能になったことを指摘するにとどめて、先を急ぐことにする(70)。

ロックの所有に関するもう一つの問題に移ろう。それは、世界の、自然の共有の問題である。自然の共有というロックの前提が、ロックの博愛の概念と等価であることについてはすでに述べた。さらに、上では、所有を、自我の所有、自覚、それも努力の感情として遂行される自覚に求めた。所有の源泉が努力の感情にあるとすれば、自然の共有という所有も、同じく、努力の感情のうちにか、あるいは、それと関係づけて、定義されなければならないだろう。自然の共有をどのように定義するか。また、それを努力の感情である限りでの労働による所有とどのように関係づけるのか、これが第二の問題である。

ビランは、意志的努力に必然的に伴う直接的覚知としての努力の感情によって、デカルトのコギトと同時に外部世界の両方を一挙に手に入れるのであるが、意志と自我とを同一視することによって、デカルトの知らなかった問題に直面する。それは、我々の経験は、単に意志的なものだけではなくて、デカルトが受動と呼ぶ、非意志的な経験をも含んでいるにもかかわらず、この受動的な経験をビランの理論は説明できないということである。ビランの見解では、意志的なものしか自我の経験のうちに入ることはできないからである。この困難を和らげるために、ビランは、意志的努力をゆるめて、努力の範囲を、強い意味での意志された努力から、感官の覚醒をも含めた、生きるという生命の努力にまで拡張して、その努力を、一般的努力と呼ぶ。こうして、生命そのものが努力として捉えられ、それとともに、生命の努力に伴う自己覚知があり、また、生命の努力の項としての、感性的世界がある種の抵抗として与えられる。

しかしながら、生命としての努力に対抗して与えられる世界、自然はまだ共有の自然ではない。というのは、それは依然として私の生命に対抗して与えられる私の世界を越えることがないからである。もちろん、ビラン自身は、意志的努力に対抗する抵抗としての世界を、即自的で、私の意志的努力に先立って存在する世界として捉えている。私は意志的努力によって、そのあらかじめ存在する物質世界に、抵抗として、原初的に、知覚に先立って、そのものとして出会うのである。

意志的努力を、生命の生きんとする意欲にまで拡張する。すると、意志作用に伴う努力の感情のうちに遂行される直接的覚知もまた、生きる意欲のうちに同じく働いていることになる。意志的作用に、また同じく生きる努力である限りでの生命の活動に、必然的に伴うとされる、この直接的覚知とは何か。その存在論的な意味を明らかにしたのが、ミシェル・アンリの内在の存在論である。直接的覚知によって私は自分が働いていることを、したがって、自分を知る。この自分の作用を知るこの覚知は、外部世界を対象として私に与える感覚や知覚とは、その存在論的構造が決定的に異なっているのでなければならない。もしそうでなければ、もし直接的覚知が世界を対象として私に与える知覚と同じ構造をしているならば、私は直接的覚知によって、自分を一つの世界の対象として、そこにある机や黒板と同じ存在論的資格で知っていることになるだろう。もしそうであるならば、直接的覚知において、自覚は成り立たず、デカルトのコギトは、世界の諸々の対象と同じように、懐疑の淵に沈むことだろう。たとえこの世界が夢であるとしても、たとえこの世界のすべてが疑わしいとしても、私が何かを思っている限り、私が存在することは確かであり、私の存在は決して疑うことができないと、デカルトは考えた。私が外の樹木を今見ていることは疑わしいとしても、樹木を見ていると思っている私の存在については疑うことができない。デカルトは「第二省察」で、哲学史上有名な蜜蝋の例を引きながら説明する。「見ていると思っている」の「思っている」が、コギトに他ならず、そこに直接的覚知が働いている。

拡張された意味での努力・作用には、いつも直接的覚知がある。したがって、常に努力の感情として自覚がある。生命についても同じことが言える。生命もいつも自分自身を自覚している。単に知覚したり、認識しているのではなくて、知覚している自分を感じる、認識している自分を感じる、一般的に自分自身を感じるという仕方で、生命の、作用の自覚は遂行される。生命とは自己自身を感受する存在である。生命体が物を感覚する存在であるのは、まず、自己自身を感受する存在であるからである。意志的努力に、努力の感情として直接的覚知が伴うのは、生命が存在するということが、生命が対象化とは異なる仕方で自己自身を受け取って、自己を感受することによって初めて存在する存在者であるからに他ならない。生命が自己自身を受け取る仕方は、私が志向的に、したがって時間の脱自において、世界対象を受け取る仕方とは根本的に異なる。私は、自分をいかなる志向性とも関係なしに、絶対的受動性において、受け取るのである。この絶対受動性こそが、努力の感情のみならず、一切の感情を感情として規定している情感性の本質を形成している。これらのことをアンリは、彼の存在論『顕現の本質』において、[71]明らかにした。

第五節　能産的自己触発と所産的自己触発

アンリは彼の『顕現の本質』においてビランの直接的覚知が含む存在論的意味を明らかにした。直接的覚知はもはや存在の超越的開示ではなくて、内在的と名づけられる別の開示に属する。直接的覚知が働く内在の領域においては、作用は自己自身を絶対的受動性の様態において、いかなる媒介もなしに受け取る、ないしは触発するので、受け取るものは、触発するものは、あらゆる点において、受け取られるものと、触発されるものと一致する。内在の存在論を特徴づける自己触発の概念は、ハイデガーが彼の有名なカント解釈で使った自己触発の概念と混同されてはならない。ハイデガーのその概念は、真性の自己触発を意味してはいない。彼にあっては、時間の自己触発が遂行されるとしても、その自己触発はいつも、超越の作用が、時間化の作用が、自己対して自己の前に対置する純粋な地平によって触発されるということで、遂行されるのである。その自己触発において作用を触発するのは、作用自身ではなくて、作用によって形成された存在の地平としての時間である。これに対して、努力の直接的覚知においては、努力そのものが直接、絶対的受動性において、内在において、言い換えると、脱自的存在の媒介なしに、自己を受け取り、自己を触発するのである。ところで、我々がすでに見たことであるが、直接的覚知は我々に自己所有の感情である限りでのコギトないしは自我の経験を与える。アンリの自己触発概念によって我々がビランの覚知の核心に迫ることができるようになった今、情感性において開示される自己ないしは自己性の感情の展開の中にさらに深く進み入り、独特で自己的な経験の中に一般的で共通な感情を明るみに出すことができるようになった。

自己触発が実行される際のその様態である絶対的受動性に焦点を当てなければならない。この受動性を、ある超越的対象による何らかの意志の強制という意味で理解することはもはや不可能であるだろう。というのも、それは、すでに存在する自我と、その自我の周りの世界の中にある物との関係では、もはやないからである。絶対的な受動性は、私の意志の様態とか、私の存在様態とかいったものではないからである。事情は全く逆で、絶対的受動性において、それに従って、初めて、私の自我、私の存在、私の意志がそれ自身に、それ自身の存在に到来するのである。絶対的受動性が、私の存在と私の力全体を可能にしているがゆえにそれは私の存在に先立っており、私の力に独立しているのである。この意味で、アンリがキェルケゴールの次の言葉を引くのは、理に適ったことである。「自我とは他によって措定された限りにおける自己との関係である」[72]。ここでアンリは、この「他」が自我の外にあって自我と外的で対象的な関係しか持たないようなものではありえないことに、我々の注意を促す。また、「他」は、「自我において始まったものをはみ出るようなものでもない」[73]。『実質的現象学』において、アンリはこの意味での「他」と生とを、その様態が、生けるものや自我がそれによって存在へと到来する内在的な自己触発である限りにおいて、同一視する。「生けるものは自己の根拠ではない。それは根拠を持つが、その根拠は生である。しかし、この根拠は生けるものと異なりはしない。この根拠は自己触発であり、その自己触発において生けるものは自己を触発し、この仕方で、生けるものは自己触発と一致するのである」[74]。

自己触発の絶対的受動性は、自我が自己自身の根拠でありえないことを意味する。そして、まさしくこの絶対的受動性のゆえに、我々は情感的存在である他はないのである。我々の存在は、自我は、「自己によって措定されたのではない自己との関係」において存在するので、言い換えると、自己に対する絶対的な受動性において存在するので、そのために、我々は我々自身の存在によって常に「あふれ出し、飲み込まれて」いる[75]。この自己自身による横溢と没入こそ、情感性に他ならない。自己自身を被ること、それが、感情を感じるということである。

アンリは『私が真理である』において、生と自己触発との関係についてさらに反省を深める。そこでは、生の内部において働いている強い自己触発と弱い自己触発という、二つの異なる自己触発の様態が区別される[76]。しかも、この自己触発の差異化は、生そのものを二分化する結果を引き起こす。すなわち、大文字の生と生きものとの、あるいはむしろ、生きものたちの生との二分化である。大文字の生は神を意味し、それに対して生きものとは、大文字の生が産み出すないしは生成する、個々の個別的生のことである。強い自己触発の概念は、「生が自己に生そのものである内容を与えるその仕方」を意味する。生はその触発の内容を産出する。しかし、生によって産出されるその内容は、また、生そのものである。生は自己の内容を創造して、何か他の外部の物のように、自己の外に投げ出すのではない。この意味では、生は創造しない。「生は生を産むのであり、生は、生そのものである内容を自己自身に与えるのである」[77]。

強い意味での自己触発とは、生による自己贈与であり、生による自己生成に他ならない。「したがって、この概念によれば、生は、生そのものである内容によって触発されるのであり、またさらには、生がこの内容を措定するのであり、その内容によって生は触発されるのである。触発するのは生であり、触発されるのも生である」[78]。ここで、自己触発が自己性の原理であることを思い出そう。この原理は強い自己触発にとってもまた当てはまる。どのような自己がこの自己触発において生まれるのだろうか。それはキリストであり、キリストは、絶対的生の能産的自己触発の過程に「共属している」のであり、「共実体的である」のである[79]。弱い意味の自己触発に関しては、どの生きものもその自己性を、その自我を、弱い自己触発から汲んでくることはすでに見た通りである。しかしながら、能産的自己触発とは異なって、弱い自己触発は、それが所産的である限りで、もはや、自己贈与としては遂行されない。「私は私自身に与えられるのであるが、この贈与はいかなる意味においても私の所轄にはないのである」。そしてアンリが強調するように、「私は自己触発されるのであり、私は自分が自己触発されているのを見出すのである」[80]。

ところで、スピノザにおいて能産的自然が所産的自然に対してそうであるように、強い自己触発が弱い自己触発を根拠づける。ある生命個体の弱い自己触発が実行されるのは、「大文字の生がその絶対的自己触発の永遠の過程において自己を自己に投げ与え自己を享受するその運動の内部において」だけである。[81] 生命個体の自己は触発するものと触発されるものとが同一であるところに成立する。「しかし、彼自身がこの同一性を措定したのではない。その自己が自己触発するのは、彼のうちにおいて絶対的な生が自己触発する限りでのことである。彼にその自己を与えるのは、大文字の生であり、その自己贈与においてである」。[82] 我々は今や、先に問題にした自己の自己による触発ないしは体験のその絶対的な受動性について説明できる地点に到達した。それは、絶対的生に対する生命個体の受動性である。この受動性は、私が自分自身を、自己の体験の源泉であることなしに、体験することに由来する。私の自己触発は、絶対的に自己触発する大文字の生によって、その生の中で、なされるがままに、自己触発されている。「自己が受動的であるのは、まず、それを産み出し、産み出すことをやめない大文字の生の自己触発の永遠の過程に対してである。大文字の生におけるこの個別自己の受動性こそが、この自己を対格に置くのであり、自己を「私は」(Je)ではなくて「私を」(moi)にするのである」。[83] 最後に『受肉』に触れよう。その第二三節において、[84] アンリは受肉を、自己触発における自己の誕生、生成として定義する。この次元ではもはや、これが強い意味の自己触発であるか弱い意味の自己触発であるかは問題ではない。もちろん、前者の自己触発が後者の自己触発を基礎づけていることには変わりがないけれども、生ける個物の自己も絶対的生の自己も、それらが自己触発において定義される受肉の過程で生成する限り、どちらも肉的となる。むしろ、コギトが、自己触発を本質とする情感性において遂行されることによって、肉的なものとして特徴づけられる範囲内において、自己は肉と一致するのである。

第六節　アンリの他者の考え方とスピノザの神の観念

どの感情もそれ自身のうちに自己から溢れ、自己を飲み込むものを、他なるものを、秘めている。なぜならば、情感性、すなわち感情の本質は、まさしく自己触発にあり、その自己触発のおかげで、生けるものは、肉において、存在に、自己に至るのであり、さらに、この弱い意味における自己触発は、絶対的受動性において、自己自身の原因や源泉であることなく、遂行されるからである。この自己触発は言わば自己触発されるのであり、強い意味の自己触発において、自己贈与において、その運動に巻き込まれ運び去られるままになるからである。自己自身を生成し、産み出すもの、それは大文字の生ないしは神である。生ける個体は大文字の生なしに、それの外で存在することはできない。それは大文字の生によって生かされているのである。それゆえに、あらゆる感情は本質上、内部からそれを基礎づけながらそれを、言わば内在的に、超える他者を「共同感情」（pathos-avec）として含んでいるのである。共感、美的感情、根源的契約、これらすべては感情のこの絶対的受動性すなわち共同感情に基づいている。ところで、所有に関しても、私的所有と共同所有との間には、努力の感情と共同感情との間にある基礎づけの関係が見出されるのであろうか。この問題に関しては、ここでも答えは依然として保留のままである。

レヴィナスは他性の起源をデカルトの無限の観念のうちに認める。「無限を考えるとき、自我は一挙に自分が考えている以上のものを考える」(85)。同じように、アンリは、次のようにも言うことができるであろう。「自己自身を体験することにおいて、自我は自己自身以上のものを体験する」。なぜならば、いかなる感情も、それが自己触発の絶対的受動性において生起する限り、大文字の生を、神を含むからである。その大文字の生ないしは神は、個物的生命体の自己触発を貫いて、それらの内在において成就する強い意味での自己触発において、自己に、キリストに到達するのである。感情の情感性のただ中における大文字の生ないしは神の他性をデカルトの無限の観念にではなくて、むしろ、スピノザにとって人間精神が持つ神についての認識と引き比べるとしても、何の不都合もないと思われる。この比較の正当性を、『エチカ』のいくつかの定理にその証明は省略して訴えることによって、以下、手短に論じることにする。

第一に、『エチカ』第二部定理四七によれば、人間精神は神の永遠無限の本質についての十全な認識を持っている。他方、第五部定理四によって、我々がそれについて明晰判明な概念を形成することができないような身体変状(corporis affectio)は存在しない。この定理は、感情(affectus)についても有効である。というのも、その定理の系にあるように、感情とは人間身体の変状の観念以外の何物でもないからである。ところで、第五部定理一四は次のように述べる。「精神は身体のすべての変状あるいは表象像を神の観念に関係させることができる」(86)。この神の観念は、我々が感情ないしは身体変状について形成することのできる明晰判明な概念と一致しなければならない。このようにして、どの感情も永遠無限の神の観念を含むと言うことができる。

第二に、しかしながら、感情も身体変状も神すなわち実体の間接無限様態である。間接無限様態である限り、感情は有限であり、持続のうちに存続する。いかにして有限な感情が無限の神の観念を内包しうるのだろうか。この問いは我々に、自我のうちに見出される無限に完全な神の観念を前にしたときのデカルトの問いを思い起こさせる。しかし、スピノザは無限の観念の他性を異なる仕方で捉えている。彼にとって、この他性は、デカルトにおけるように、もはや外からは、異なる存在者からは来ない。神の観念が個物の本質に、身体の本質に関係づけられる限り、神の観念は人間の外にある異なる存在者ではありえない。スピノザにおいて、神の観念が人間存在に対して、有限に対する無限として外的で異質な他であると言いうるのは、人間の、個物の、「現実的本質」(essentia actualis)、言い換えると、持続のうちで存続し続けようとする個物の努力、コナトゥスに関係づけられるときだけであろう。

最後に、個物を、身体をその本質において知るためには、それらを間接無限様態においてではなくて、直接無限様態において、言い換えると、持続においてではなくて、永遠の相において考察するのでなければならない。想像知によるのではなくて、いわゆる第三の認識である直観知によって把握するのでなければならない。そして第五部の定理三〇によれば、我々の精神が身体を、自分自身を、永遠の相において知るとき、「必然的に神の認識を有し、また自らが神の中に在り神によって考えられることを知る」のである。[87] というのも、永遠性は存在に関する定義であり、存在の永遠性を意味するからである。永遠性は、本質が存在を必然的に含んでいる限りにおいて、神の本質を意味している。したがって、自己自身を永遠の相において考えることは、それは自己を神の本質によって考えることである。それは取りもなおさず、我々が神を認識することであり、我々が神のうちにあることを理解することであり、我々が自分を神によって考えることである。

かくして、スピノザの考え方によれば、我々が神の永遠無限の観念を持つのは、我々が神のうちに、その一部として、神と同様に永遠な存在としてある限りでのことである。確かに、アンリにとっての自我は、それ自身の自己性を彼の自己触発において保持している限り、たとえその自己触発が大文字の生の自己贈与の過程において規定されているとしても、実体の単なる一様態ではありえないことだろう。もし様態によって、スピノザの間接無限様態にある有限な個物のことと理解するならば、アンリ的自我は決して様態ではないだろう。しかし、もし自我を、人間精神を直接無限様態において、すなわち、神の属性と個物の本質の領域において考えるならば、そのときは事態は違ってくるように思われる。

思惟の属性の直接無限様態においては、自我についての、人間精神についての認識は、それが人間身体の本質の認識の認識である限りにおいて、十全である。その意味で、デカルトの「我思う」が妥当するのは、アンリの用語法に従えば、世界の中の自我ではなくて、生の中の自我に対してであるということになるだろう。実際、精神についての十全な観念は、実体ないしは神の中に、単なる様態的な部分としては含まれていない。何よりもまず、精神の自己認識があり、その認識を通して、同時に、精神は神を知るのである。それこそまさしく第五部の定理三一が定式化していることである。「第三種の認識は、永遠である限りにおいての精神をその形相的原因とする」[88]。精神は神の観念を持ち、その観念の中には精神の観念そのものが含まれている。神の観念の中に精神についての観念があることに関して、念のために第二部定理四をここに記しておこう。「神のうちには必然的に神の本質の、ならびに神の本質から必然的に生起するあらゆるものの、観念が存する」[89]。

この含むものと含まれるものとの関係は、自我と、自我の内にありながらも情感性において私からあふれ出るものとの関係を、「私が占めている地面はそれを覆っている二本の足以上には決して広くはない」[90]と言われるその地面のような生と、私との不思議な関係を、表してはいないだろうか。

注

(1) ホッブズ著/水田洋訳『リヴァイアサン』(一) 岩波文庫、二〇〇四年、二〇七頁。
(2) 同書、二一〇頁。
(3) 同書、二一六頁。
(4) 同書、二一七頁。
(5) 同書、二一七—二一八頁。
(6) 同書、二一八頁。
(7) ロック著/鵜飼信成訳『市民政府論』岩波文庫、二〇〇三年、一〇頁。
(8) 同書、一〇—一一頁。
(9) 同書、一二頁。
(10) 同上。

(11) ルソー著／本田喜代治・平岡昇訳『人間不平等起源論』岩波文庫、二〇〇四年、三〇―三一頁。
(12) 同書、三一頁。
(13) 同書、七一頁。
(14) 同書、七二頁。
(15) 同書、七四頁。
(16) 同書、七五頁。
(17) 同書、七一頁。
(18) 同書、七四頁。
(19) 同書、七〇頁。
(20) ルソー著／桑原武夫・前川貞次郎訳『社会契約論』岩波文庫、二〇〇一年、二三―二四頁。
(21) アダム・スミス著／水田洋訳『道徳感情論』（岩波文庫）二〇〇三年の訳では、sympathy は「同感」と訳されているが、本論文においては、全体の文脈上、「共感」という訳語に置き換える。
(22) スミス著『道徳感情論』前掲書（上）、二三頁。
(23) 同書、二九頁。
(24) 同書、二四頁。
(25) 同書、四三―四四頁。訳語の一部に変更あり。
(26) 同書、五〇頁。
(27) 同書、五一頁。Affection の訳語に変更あり。
(28) 同書、三六頁。
(29) 同書、五八頁。
(30) 同書、六〇頁。
(31) 同書、六一頁。
(32) 同書、九五頁。
(33) 原佑訳『判断力批判』〈カント全集〉第八巻、理想社、一九七九年、三八―三九頁。
(34) 同書、三五―三六頁。

(35) 同書、八五頁。
(36) ハンナ・アーレント著/ロナルド・ベイナー編/浜田義文訳『カント政治哲学の講義』法政大学出版局、一九九七年、一〇一頁。
(37) 〈カント全集〉第八巻、前掲書、第九節。
(38) アーレント著『カント政治哲学の講義』前掲書、一〇四頁。
(39) 同書、一〇一頁。
(40) 同上。
(41) 同書、一〇一―一〇二頁。
(42) 同書、一〇二頁。
(43) 同書、一〇四頁。
(44) 同書、一〇五頁。
(45) 同上。
(46) 同上。
(47) 同書、一〇七頁。
(48) 同書、一〇八頁、『判断力批判』第四〇節から。
(49) 〈カント全集〉第八巻、前掲書、二〇〇頁。
(50) アーレント著『カント政治哲学の講義』前掲書、一一三頁。
(51) 同上。カント『判断力批判』第四一節より
(52) 同書、一一五頁。カント『判断力批判』第四一節より。
(53) 同書、一一六頁。
(54) 同書、一一七頁。
(55) ロック著『市民政府論』前掲書、三二一―三二三頁。
(56) 同書、三二一頁。
(57) 同書、三二一―三二三頁。
(58) 同書、三二三頁。原語の挿入は筆者山形。

(59) 同上。
(60) 同書、三四頁。
(61) 同書、三五頁。
(62) 同書、三六頁。
(63) 同書、三七頁。
(64) 同書、三八頁。
(65) John Lock. *An Essay concerning Human Understanding*, edited with introduction by Peter H. Nidditch, Oxford, Oxford University Press, 1975, p. 335.〔大槻春彦訳『人間知性論(二)』岩波文庫、二〇〇六年、三二二頁〕
(66) Maine de Biran, *Œuvres*, Tome IV, Paris, J.Vrin, 1995, p. 33.
(67) *Ibidem*, pp. 37-38.
(68) *Ibidem*, p. 34.
(69) *Ibidem*, p. 80.
(70) この点に関しては、『同志社哲学年報』第三〇号(二〇〇七年)所収、拙論「西田の行為的直観とビランならびにラヴェッソンの習慣概念」を参照されたし。
(71) Michel Henry, *L'essence de la manifestation*, 2 volumes, Paris, Presses Universitaires de France, 1963, réédition en 1 volume, 1990.〔北村晋・阿部文彦訳『現出の本質』上・下、法政大学出版局、二〇〇五年〕
(72) Michel Henry, *Phénoménologie matérielle*, Paris, Presses Universitaires de France, 1990, p. 177.〔中敬夫・野村正直・吉永和加訳『実質的現象学』法政大学出版局、二〇〇二年〕
(73) *Ibidem*.
(74) *Ibidem*.
(75) *Ibidem*.
(76) Michel Henry, *C'est moi la vérité*, Paris, Edition du Seuil, 1996, p. 177.
(77) *Ibidem*.
(78) *Ibidem*.
(79) *Ibidem*, p. 138.

(80) *Ibidem*, p. 136.
(81) *Ibidem*.
(82) *Ibidem*.
(83) *Ibidem*, p. 137.
(84) Michel Henry, *Incarnation. Une philosophie de la chair*, Paris, Edition du Seuil, 2000, p. 172sqq.
(85) Emmanuel Lévinas, *En découvrant l'existence avec Husserl et Heidegger*, Paris, J.Vrin, 1974, p. 172.
(86) スピノザ著／畠中尚志訳『エチカ』（下）岩波文庫、一九九五年、一一三頁。
(87) 同書、一二五頁。
(88) スピノザ著『エチカ』前掲書（上）、九六頁。
(89) 同上。
(90) M. Henry, *Phénoménologie matérielle*, *op.cit.*, p. 177.

■**執筆者紹介**（掲載順，＊は編著者）

＊山形頼洋（やまがた よりひろ）

大阪大学大学院文学研究科教授などを経て，現在，同志社大学文学部教授・大阪大学名誉教授。専門分野：哲学。主たる著作：『生概念の展望（独文）』（共著：ゲオルグ・オルムス社），『ミシェル・アンリ，生の思惟と現代文化（仏文）』（共著：ボーシェーヌ社），『感情の自然――内面性と外在性についての情感の現象学――』（法政大学出版局），『声と運動と他者――情感性と言語の問題――』（萌書房）など。〔**まえがき，第Ⅰ部第1～3章，第Ⅱ部第4章**〕

稲川義隆（いながわ よしたか）

同志社大学大学院総合政策科学研究科博士課程後期在籍中。専門分野：社会学。〔**第Ⅰ部第4章**〕

伊豆藏好美（いずくら よしみ）

奈良教育大学教育学部准教授。専門分野：哲学・倫理学。主たる著作：『哲学の歴史第5巻　デカルト革命』（共著：中央公論新社），「永遠真理の記憶と想起――ホッブズ vs. デカルト」哲学会編『記憶』（『哲学雑誌』第118巻第790号，有斐閣），「ライプニッツと『心身問題』」日本哲学会編『哲学』（第37号，法政大学出版局）など。〔**第Ⅱ部第1章**〕

森　亮子（もり りょうこ）

同志社大学大学院文学研究科博士課程後期在籍中。現在，ミラノ大学留学中。専門分野：哲学。主たる著作：「ティリッヒにおけるシンボルの意味」Societas Philosophiae Doshisha 編『同志社哲学年報』（第28号），「共同社会とセキュリティ――スピノザに読む――」ヒューマンセキュリティ・サイエンス学会編『ヒューマンセキュリティ・サイエンス』（第1号）など。〔**第Ⅱ部第2章**〕

吉永和加（よしなが わか）

岐阜聖徳学園大学教育学部准教授。専門分野：哲学・倫理学。主たる著作『感情から他者へ――生の現象学による共同体論――』（萌書房），『西洋哲学史入門――6つの課題――』（共著：梓出版社），『ポストモダン時代の倫理』（共著：ナカニシヤ出版）など。〔**第Ⅱ部第3章**〕

同志社大学ヒューマン・セキュリティ研究叢書
社会と感情

2008年 3 月31日　初版第 1 刷発行

編著者　山 形 頼 洋
発行者　白 石 徳 浩
発行所　萌《きざす》 書 房
〒630-1242　奈良市大柳生町3619-1
TEL（0742）93-2234 / FAX 93-2235
［URL］http://www3.kcn.ne.jp/~kizasu-s
振替　00940-7-53629

印刷·製本　共同印刷工業・藤沢製本

ISBN978-4-86065-037-7

〈同志社大学ヒューマン・セキュリティ研究叢書〉刊行の辞

ヒューマン・セキュリティ（人間の安全保障）ということばは、一九九四年に国連開発計画（ＵＮＤＰ）の報告書の中で初めて使われ、その後、国連の諸機関を中心に様々な意味合いで用いられるようになった。例えば、国際法・国際関係の分野では、"安全保障"の概念は、「国家の安全保障」として用いられてきた。しかし、「人間の安全保障」は、国家自体の独立や領土を保障するとしても、国家を構成する個々人の安心・安全に繋がらなければならない。現在、二〇〇ばかりの主権国家が存在するが、その中には国内における民族・宗教の対立が国民個々人の安心・安全を脅かしているものが少なくない。また、多くの国家では、人口の少子化や老齢化が大きな社会不安を引き起こしている。すなわち国家を構成する個々人の安心・安全を保障する機能は、種々の面で破綻をきたしている。いや、そればかりではない。個々人の生活に物質的安定をもたらすはずの科学知識や技術の発展が、逆に新しい社会不安の原因ともなっているのである。

同志社大学では、ヒューマン・セキュリティということばの多義性を明らかにするとともに、この概念を通して人間の様々な社会的・個人的な活動を再検討し、それぞれの課題を研究し、人類の未来を導く、現代の新しい学問を創造することを決意して、二〇〇三年四月にヒューマン・セキュリティ研究センターを開設した。以来、研究活動を続け、そこにおいて蓄積された研究業績を継続的に〈同志社大学ヒューマン・セキュリティ研究叢書〉として刊行するに至った。本叢書はヒューマン・セキュリティ研究の先進的役割を果たし、かつ、二一世紀の新学問領域の光栄ある推進者となることを目的といたしたい。

〔二〇〇四年一一月二九日〕